*BAUEN UND
WOHNEN
IM WANDEL*

Sonderschriftenreihe des Erftkreises   Band 1

Rheinland Verlag und Betriebsgesellschaft
des Landschaftsverbandes Rheinland mbH
Abtei Brauweiler, 5024 Pulheim 2

© Herausgeber: Oberkreisdirektor des Erftkreises
Amt für Presse- und Öffentlichkeitsarbeit
Erftkreisveröffentlichung Nr. 158, Oktober 1992
Text, Gestaltung und Zeichnungen: Günter Krüger, Brühl
S. 69–91: Texte der Architekten
Redaktion: Peter Metternich, Erftkreis
Fotos: Dieter Klein, Köln u. a.
Lithos: Peukert, Köln
Satz und Druck: Druck- und Verlags GmbH Becher, Brühl
Printed in Germany
ISBN 3-7927-1349-7

GÜNTER KRÜGER

BAUEN UND WOHNEN IM WANDEL

EIN BAUGESCHICHTLICHER STREIFZUG DURCH DEN ERFTKREIS

Eine Zukunft für unsere gebaute Geschichte: Ein Fachwerkhaus im Brühler Zentrum, Baujahr 1744, wird zur Zeit mit Mitteln der Nordrhein-Westfalen-Stiftung rekonstruiert und saniert, vgl. Seite 13. (Längsschnitt aus der Bauaufnahme von Ilsetraut Popke, Architektin Ing. grad., Vorabzug v. 13.10.1992).

ZUM GELEIT

Der Erftkreis entstand 1975 aus dem ehemaligen Kreis Bergheim und Teilen der Kreise Köln und Euskirchen. Die Geschichte unseres Kreisgebietes reicht aber natürlich viel weiter zurück. Kirchen und Klöster aus Romanik und Gotik, Wasserburgen der Ritter und Kölner Bischöfe, aufwendige Schloßbauten und Landsitze der Adelsgeschlechter vermitteln davon ein eindrucksvolles Bild. In der Reihe der Erftkreispublikationen sind u.a. die Bildbände „Wasserburgen, Schlösser und Landsitze im Erftkreis" und „Kirchen, Klöster und Kapellen im Erftkreis" und zuletzt „Kulturregion Erftkreis – Verluste einer Denkmallandschaft" erschienen, die darüber ausführlich berichten. Wie die wiederholten Neuauflagen zeigen, ist das Interesse an der Kulturgeschichte des Erftkreises groß.

Daher ist es sehr zu begrüßen, wenn mit dem vorliegenden Bildband „Bauen und Wohnen im Wandel – Ein baugeschichtlicher Streifzug durch den Erftkreis" an ausgewählten Beispielen gezeigt wird, wie die Architektur sich in einem Zeitraum vom Ende des Mittelalters bis in unsere Tage wandelte.

Die Geschichte unserer Region, ursprünglich von der Landwirtschaft und zunehmend seit dem Ende des 19. Jahrhunderts von der Industrie, besonders vom Braunkohlentagebau geprägt, spiegelt sich in der baulichen Entwicklung ihrer Dörfer und Städte.

Die vom Verfasser ausgewählten und erläuterten Wohnbauten aus dem Erftkreis zeigen den Wandel durch Höhen und Tiefen der geschichtlichen Ereignisse. Dabei wird deutlich, daß Armut oft der beste Denkmalschutz war. Denn nicht nur Krieg und Feuer vernichteten viel von der historischen Bausubstanz. Auch durch materiellen Überfluß gingen von unserer gebauten Vergangenheit nicht geringe Teile verloren. Und vergessen werden soll auch nicht, daß für den Braunkohlenabbau Menschen umgesiedelt und Ortschaften aufgegeben werden mußten.

Das Leben der Menschen manifestiert sich am sichtbarsten in der Weise, wie sie bauen und wohnen. Wir sind daher sicher, daß dieser Bildband, der die Reihe der Erftkreispublikationen bereichert und sinnvoll fortsetzt, ebenso hohe Aufmerksamkeit finden wird, wie die gleichnamige Ausstellung, die der Erftkreis in Zusammenarbeit mit der BRÜHLER MUSEUMSGESELLSCHAFT e.V. 1989 im Kreishaus Hürth ausgerichtet hat.

Wir danken dem Verfasser Günter Krüger und dem Fotografen Dieter Klein für ihr Engagement. Das Werk wäre ohne finanzielle Hilfe des Ministers für Stadtentwicklung und Verkehr nicht zustande gekommen – auch nicht ohne die Unterstützung von Herrn Ministerialrat Dr. Horn sowie eines Sponsorenkreises aus dem Erftkreis, denen wir allen sehr dankbar sind.

Klaus Lennartz MdB
Landrat

Wolfgang Bell
Oberkreisdirektor

VORWORT

Bauen und Wohnen im Wandel – die vorliegende Veröffentlichung versammelt eine Auswahl von Bauzeugnissen aus dem Erftkreis. Aber nicht unbedingt nur das herausragende Beispiel, sondern mehr das charakteristische Wohnhaus im Wandel der Zeiten wurde dabei ausgewählt.

Herrschaftsformen, Prestigebedürfnisse, Nutzungsansprüche, Wohlstand und Armut – all das spiegelt sich in der Baukultur durch die Jahrhunderte. Ein Tagelöhnerhaus aus dem 18. Jahrhundert oder eine „soziale" Wohnung im Betonklotz; ein barockes Bürgerhaus am Markt oder ein Bungalow am Waldesrand – Kontraste, Provokationen, die nachdenklich stimmen.

Für die Fortführung der Architektur in unserer Zeit ist das Kennenlernen historischer Baukultur von großem Wert. Blindes Fortschrittsdenken, gepaart mit materiellem Wohlstand, haben unter der gebauten Geschichte im deutschen Westen kräftig aufgeräumt. Und viele historische Gebäude wurden durch unangemessene Rationalisierung regelrecht hingerichtet. Selbst Stadtplaner, die früher dem Denkmalschutz nicht sonderlich zugetan waren, haben inzwischen erkannt, wie unverzichtbar die Bewahrung der historischen Bausubstanz ist – sollen die Städte nicht ihr individuelles Gesicht verlieren.

Statt groß zu klotzen, ist wieder Kleinteiligkeit angesagt – die „großen Pläne" sind passé. Den vielen Sündenfällen folgten auch im Erftkreis eine Reihe von bemerkenswerten Wohnneubauten, aus der in der vorliegenden Veröffentlichung eine gute Auswahl vorgestellt wird.

Zum ersten Mal unternimmt ein Kreis den Versuch, seine gebaute Wohnwelt mit einer Fülle von ausgewählten Beispielen darzustellen. Dabei wäre es ein Irrtum, anzunehmen, die vorliegende Schrift wende sich ausschließlich an Fachleute und Spezialisten. Sie ist für alle Bürger gemacht. Und wenn es gelänge, was man nur hoffen kann, daß vielen im wahrsten Sinne des Wortes die Augen aufgehen, daß wir alle etwas sensibilisierter für unsere Wohnumwelt würden, dann hat diese Veröffentlichung ihren eigentlichen Sinn erfüllt.

Dr. Lothar Theodor Lemper
Kulturdezernent des Erftkreises

EINFÜHRUNG

Bauen und Wohnen im Wandel: Dieser „baugeschichtliche Streifzug durch den Erftkreis" zeigt ausschließlich Wohnbauten, geboten wird zwangsläufig nur eine verschwindend kleine Auswahl – die Qual der Wahl! Ein wesentlich breiteres Spektrum bot die gleichnamige Ausstellung, die der Erftkreis in Zusammenarbeit mit der BRÜHLER MUSEUMSGESELLSCHAFT e. V. im Jahr 1989 im Kreishaus Hürth ausgerichtet hat. Eine erstaunliche Resonanz der Medien und lebhafte Diskussionen der Besucher, die dieser Streifzug durch den Erftkreis auslöste, führten schließlich zu diesem Bildband.

Keinesfalls aber kann dieser Streifzug den Platz vieler wünschenswerter Monographien oder spezifischer Einzeluntersuchungen einnehmen. Die „Wohnbaudenkmäler des Erftkreises" beispielsweise, oder „Das Tagelöhnerhaus im Zeitwandel", würden allein schon mehrere Bände füllen. Also keine Vollständigkeit, sondern vielmehr eine gezielte, kleine Auswahl noch vorhandener Wohnhäuser aus dem Zeitraum eines halben Jahrtausends, bietet dieser Bildband.

Zum Plan, der dieser Untersuchung zugrundeliegt, gehört natürlich auch nicht der falsche Ehrgeiz, ausschließlich „Perlen" der Architekturgeschichte aufzureihen. Das ist das Metier der Werbeleute, die im Auftrag schlecht beratener Kommunen hochglänzende „Stadtprospekte" produzieren, die eine hundertprozentig schattenfreie Sonntagsidylle erlügen, wonach angelockte Besucher die schönsten Enttäuschungen erleiden.

Aus der gebauten Vergangenheit wird eine facettenreiche Auswahl von Wohnbauwerken vorgeführt, um nicht zuletzt auch auf den Verfall der Baukultur nach dem 2. Weltkrieg zu verweisen. Zur Abschreckung folgt eine Reihe krasser Verschandelungen historischer Wohnbauten durch unangemessene Umbauten oder „Modernisierungen".

Der Wunsch, die alte Bausubstanz zu erhalten, hat mit Nostalgie nichts zu tun. Vielmehr ist das die Reaktion auf den fortschrittstrunkenen Kahlschlag der letzten Jahrzehnte, auf den sozialen Verfall und die allabendliche Verödung der Konsumzentren. Zählt man die Verluste, die Krieg und „Fortschritt" geschlagen haben, gewinnen auch einfache Gebäude von geringer Qualität historischen Wert: Als Zeugnisse städtebaulicher Entwicklung – als Elemente gewachsener Stadtstruktur – als Nachweis des Sozialgefüges der Bürgerschaft.

II

Der Erftkreis, 1975 aus den Kreisen Bergheim und Köln, sowie Teilen des Kreises Euskirchen gebildet, ist eine fruchtbare Region, die Köln schon zur Römerzeit mit Lebensmitteln versorgte. Noch heute wird gut die Hälfte der Gesamtfläche landwirtschaftlich genutzt. Ende des 19. Jahrhunderts veränderte die Industrialisierung, vor allem die Braunkohlengewinnung das Bild vieler Ortschaften und Landstriche nachhaltig. Daß aber schon seit dem 8. Jahrhundert, beginnend im Brühler Raum, das ganze Mittelalter hindurch und weit in die Neuzeit die Keramikproduktion ein bedeutender Wirtschaftsfaktor war, das ist im Bewußtsein der Erftkreisbevölkerung noch immer nicht richtig vorhanden. Keramik aus dem Raum Brühl, Hürth, Frechen bis Liblar und Horrem, war eine Exportware hohen Ranges.

In der Erftkreis-Region ragt die Burgenlandschaft heraus, eine spezifische Architektur des Wohnbaus aber, die sich von den angrenzenden Regionen deutlich unterschiede, ist nicht nachweisbar. Im nördlichen Bereich finden wir Wohnbauformen, die typisch für den Niederrhein sind, während im Süden des Erftkreises die Fachwerktradition große Übereinstimmungen zumindest mit der Bauweise des benachbarten Vorgebirges und des Euskirchener Raumes aufweist.

Einmal sind es eingeschossige, dreizügige und traufseitig erschlossene Wohnhäuser mit giebelseitiger Straßenlage, kleinen oder gar keinen Wirtschaftsteilen im Höfchen. Oder es sind mehrere Gebäude mit einem größeren Wohnteil, dreiseitig um den rechteckigen Hofplatz gruppiert, wobei die vierte Seite die mit einem Tor verschließbare Einfahrt bildet. Größere, vierseitige Gehöfte stehen oft traufseitig an der Straßenfront mit einer großen Toreinfahrt, links oder rechts vom Wohntrakt gelegen. Stets wird eine geschlossene, wenn auch noch so begrenzte Hofanlage angestrebt.

Unter Beibehaltung traditioneller Hausformen ist seit der Mitte des 19. Jahrhunderts der Feldbrandziegel fast ausschließliches Baumaterial. Allerdings bestehen die Innenwände und Teile der Außenwände noch bis ins 20. Jahrhundert aus ausgemauertem Holzfachwerk. Meistens handelt es sich um Zweitverwendung niedergelegter Altbauten.

Viele Ortskerne erhielten schon im vorigen Jahrhundert durch Abbrüche und Umbauten ein neues Gepräge. Nur wenige Gebäude aus dem 18. Jahrhundert, noch seltener aus dem 17. blieben bewahrt. Bedenkt man aber, wie klein die Siedlungen noch zu Anfang des 19. Jahrhunderts gewesen sind – die Tranchot-Karten geben davon ein zuverlässiges Bild – war der Bestand der Gebäude entsprechend gering. Beispiel Brauweiler: Neben dem beherrschenden Fronhof der Abtei gab es drei größere und ein gutes Dutzend kleinerer Gehöfte, sowie etwa 20 schmale, eingeschossige Häuser, wohl Wohnungen der Tagelöhner und kleinen Handwerker.

Einzelhöfe, Weiler mit 3–15 Höfen und Häusern auf regellosem Grundriß sowie Haufen- und Straßendörfer sind noch Anfang des 19. Jahrhunderts die vorherrschenden Siedlungsformen in der Region des heutigen Erftkreises. Geschlossene Straßendörfer sind seltener, sie entstanden durch Teilung des Grundbesitzes und Gründung neuer Höfe, seit die Einschränkung der Verfügungsmöglichkeit über Grund und Boden während der französischen Herrschaft beseitigt wurde.

Große Vierkanthöfe, spätestens seit dem 19. Jahrhundert in Massivbauweise errichtet, sind der niederrheinischen Bautradition verpflichtet. Sie finden sich, besonders im Norden und im Westen des Kreises, in stattlichen Bauformen. Darunter sind landwirtschaftliche Betriebe, deren Ursprung sich bis ins 8. Jahrhundert zurückverfolgen läßt, als Kölner Bischöfe Tafelhöfe zur Versorgung von Klöstern und Kirchen errichten ließen. Diese Tafelhöfe waren vielfach die Keimzellen der Ortschaften im Erftkreis.

Das ländliche Wohnhaus – ein zweckbestimmter, vom Bauernhaus abgeleiteter Typus – war im Erftkreis in seiner einfachsten Form ein dreizügiger, eingeschossiger Bau. Daneben herrschte die zweigeschossige Bauweise vor. Nur wohlhabende Bürger, eine winzige Minderheit im Absolutismus, konnten sich repräsentative Wohnhäuser in Massivbauweise leisten.

In der Regel genügte Handwerkern und anderen Berufszweigen die vom bäuerlichen Wohnhaus übernommene Struktur. Im Erdgeschoß lagen Werkstatt, Wirtschaftsraum, Herdraum (Wohnküche) und die „Gute Stube". Im Obergeschoß, falls vorhanden, waren die Wohn- und Schlafräume. Auch der Dachbereich war neben einer bescheidenen Vorratshaltung dem Schlafen vorbehalten.

Die Konstruktionsformen hiesiger Fachwerkbauten waren in der Regel äußerst kunstlos. Seit dem 18. Jahrhundert sind Zierformen im Erftkreis nur noch selten nachweisbar.

Nieder- und Oberembt blieben bis heute charaktervolle Dörfer; das „Weiße Haus" und die „Löv" zählen zu den ältesten und schönsten Fachwerkbauten des Erftkreises und zeugen vom Reichtum untergegangener Baukunst.

Auffällig bei dem „Weißen Haus" in Elsdorf-Niederembt ist das weit auskragende Obergeschoß. Einzelne Balkenköpfe über den geschweiften Knaggen sind als Masken ausgebildet. Das im 17. Jahrhundert errichtete Wohnhaus besteht aus zwei rechtwinklig angelegten Flügeln. Die abgebildete Ansicht ist der Kirche zugewandt.

„Die Löv" (Laube) in Elsdorf-Oberembt, Jülicher Straße 8. Das einzige im Erftkreis erhaltene Laubenhaus entstand 1667. Es stellt einen besonderen Gebäudetyp im Rheinland des 17. Jahrhunderts dar. Ein weiteres Laubenhaus hat in Godorf (heute zu Köln gehörig) alle Katastrophen und Wohlstandswellen überlebt. Zeichnungen und Fotos von anderen Laubenhäusern, z.B. in Hermülheim und Wesseling, belegen, daß dieser Bautyp auch im Erftkreis weit verbreitet war.

Eines der interessantesten Fachwerkhäuser im Erftkreis ist der Breuershof in Bergheim-Glessen, Hauptstraße 103. Bereits 1361 ist ein Johann Brewer von Glessen als Inhaber zweier Lehen genannt. 1461 kam das Gut an Wyrich von Manstede, Komtur der Kölner Deutschordenskommende St. Katharina. Bis zur Säkularisation 1792 blieb das Gut im Besitz dieses Ordens.

Vor und nach der Freilegung der Hofseite

Albumeintragung 1930:
„Putt, putt, putt, mein Gänschen, putt, putt, putt, mein Hahn."

Hoher Giebel straßenwärts. Traufseitig weiter Dachüberstand auf geschweiften Knaggen. Gerundeter Türsturz über originalem Türblatt. Frühere Inschrift verloren. Mitte des 17. Jahrhunderts. Das zwischenzeitlich verputzte Fachwerk wurde 1954 wieder freigelegt.

Die ehemals typischen Strohdächer sind wie überall im Rheinland verschwunden. Noch im 18. Jahrhundert mußten vielerorts Strohdächer aus Gründen der Brandgefahr verboten werden. Nach Stadtbränden erfolgte häufig die Firstschwenkung der Häuser und Reihenbebauung in Traufstellung zur Straße hin.

Viele der letzten Fachwerkhäuser, die alle Stürme überlebten, wurden nachträglich verputzt oder mit billigen Materialien wie Kunststofftafeln oder blanken Fliesen verkleidet. Alle Fachwerkhäuser hatten ursprünglich ein sichtbares Fachwerk und lehmverputzte Gefache, die im Laufe der Zeit mit einer schützenden hauchdünnen Kalkputzschicht überzogen und zunehmend farbig überstrichen worden sind.

Ein zweigeschossiger blockhafter Solitär in Brühl, Kempishofstraße 15, der 1744 erbaut wurde, weist nach teilweise erfolgter Freilegung der westlichen Außenwand ein eisenoxydrotes Fachwerkgerüst auf; die kalkverputzten Lehmgefache waren ursprünglich ockerfarben angestrichen.

Dieses stattliche Haus mit hohem Walmdach, das eine massive Bauweise vortäuscht, aber erst in diesem Jahrhundert verputzt worden ist, ist noch aus einem anderen Grund für die Wohnbauforschung von Interesse. Innen ist der alte Grundriß, sind beinahe alle Wände, das Treppenhaus und einige Dielenböden original erhalten. Dieses Beispiel gehobener Wohnkultur stellt einen neuen Typus des bürgerlichen Profanbaus dar, der bis in unser Jahrhundert nachwirkte. „Der Barock hat ... das schmale hohe Giebelhaus, das noch aus der Gotik stammt, überwunden und an seine Stelle ein breit gelagertes, horizontal betontes Gebäude gesetzt ... Die bürgerliche Baukunst des Barocks hat, obwohl sie von rechtlosen Untertanen geschaffen wurde, den kleinbürgerlichen Zug verloren, sie wirkt in ihren besten Teilen großbürgerlich." (Karl Scheffler, Deutsche Baumeister, 1935, S. 146 f.)

Bei der geplanten Sanierung des Baudenkmals Kempishofstraße 15 kommt es darauf an, behutsam mit der historischen Bausubstanz umzugehen. Grundsätzlich gilt, vom alten Bestand so viel wie möglich zu bewahren und nur das zu ersetzen, was nicht mehr reparabel ist. Es ist ein beklagenswerter Zustand, ja sogar eine Verwahrlosung handwerklicher Sitten, wenn unter Aufsicht eines Architekten kaum ein Baudenkmal die Sanierungsmaßnahmen ungeschoren überlebt.

III

Die Auswahl aus der gebauten Wohnwelt des Erftkreises ist chronologisch gegliedert und beginnt mit den allerletzten, noch erhaltenen Fachwerkbauten des 16./17. Jahrhunderts. Zu vermuten ist, daß wohl auch im Erftkreis, vorrangig in den verstädterten Dörfern, die zwischen City und Zersiedelung gerieten, sich unter neumodischen „Verpackungen" manches kostbare Fachwerk aus alter Zeit verbirgt.

Die vielen Kriege und Brandschatzungen der Vergangenheit wirkten sich auf den Baubestand naturgemäß verheerend aus. Die strohgedeckten Häuser fingen rasch Feuer, so geschah es nicht selten, daß eine ganze Ortschaft in Schutt und Asche fiel. Es sei an den Brand erinnert, dem 1530 in Brühl fast alle Häuser zum Opfer fielen. Nur Gebäude in Massivbauweise konnten solche Katastrophen leidlich überstehen. So haben im Kreis einige wenige Wohnbauten aus der Zeit der Renaissance überlebt.

Schon reichhaltiger ist überall der Baubestand seit der Zeit des Barocks und des Klassizismus. Erst recht groß ist die Fülle der Wohnhäuser aus der Zeit des Historismus des 19./20. Jahrhunderts. Sie sind mehr oder weniger zahlreich im gesamten Erftkreis anzutreffen, und sie sind überall dem gleichen Formenspiel, von der Gotik bis hin zum Jugendstil verpflichtet. Hier muß auf die Unsitte hingewiesen werden, daß aus falsch verstandenem Modernisierungsdrang oder gar aus kommerziellen Interessen den Baumeistern im Nachhinein ins Handwerk gepfuscht worden ist. Nur eine Minderzahl dieser Häuser hat alle Wohlstandswellen schadlos überstanden. Und in den Einkaufszonen fallen die total ausgeweideten und verglasten Erdgeschosse überall unangenehm auf.

Der Siedlungsbau der 20er/30er Jahre hat im Erftkreis einige sehr gelungene Beispiele vorzuweisen. An diese gepflegte Baukultur ist nach dem 2. Weltkrieg leider nicht wieder angeknüpft worden. Sondern es wurde nun überall wie überall woanders gebaut.

Wohnraum war nach 1945 Mangelware, und so wurden, zu häßlich und zu schnell neue Wohnungen, zumeist als Mehrfamilienhäuser gebaut. Fälschlich nannte man dieses Großunternehmen „Wiederaufbau". Nur kannten die Bewohner ihre Wohnorte hinterher nicht mehr wieder! Heute, angesichts der herrschenden Wohnungsnot, müssen viele Menschen froh sein, wenn sie überhaupt noch eine Bleibe finden.

Eine zweiteilige Haustür, der obere Teil offen, der untere geschlossen: Eine gute Einrichtung für die Hausfrau, die im zentralen Herdraum wirtschaftet. Die Haustür ist an diesem Fachwerkwohnhaus original erhalten, ebenso die früher übliche Kieselpflasterung. Die Wirtschaftsgebäude mit Fachwerk- und Backsteinergänzungen sind zum Wohnhaus dreiflügelig angeordnet. Das Gehöft in Erfstadt-Bliesheim, Frankenstraße 86, weist in einer Inschrift über der Toreinfahrt das Baujahr und sogar den Tag der Fertigstellung aus: Den 4ten Junius ANNO 1799. Zum Wohnhaus gehört ein bemerkenswerter Bildstock, Holz mit farbig gefaßtem Kruzifix, dessen Entstehungszeit um 1500 vermutet wird.

Mitte des 18. Jahrhunderts wurde dieses Wohnhaus in Brühl-Badorf, Pützgasse 15, mit hofwärts liegenden Wirtschaftsgebäuden errichtet, im Vordergrund die Hofeinfahrt. Die Besitzer entschlossen sich, das alte Haus zu erhalten. Sie scheuten nicht Mühe und Kosten einer aufwendigen und materialgerechten Sanierung. So wurden die Gefache auch wieder mit Lehmstakung geschlossen.

*Kleines Foto:
Zustand vor der Sanierung*

Der Löhrerhof in der Lindenstraße 20, bestehend aus zweigeschossigem Wohnhaus, Scheunentrakt und Stallbauten, ist für Hürth von großer Bedeutung. Denn nur noch wenige Fachwerkhöfe, die die lange Geschichte des einstigen Dorfes dokumentieren, blieben erhalten. Die vorbildlich sanierte Hofanlage ist ein Zeugnis der baulichen Entwicklung für dieses Gebiet in der ersten Hälfte des 19. Jahrhunderts. (Gesamtansicht S. 27)

Vielerorts ist für den zunehmenden Autoverkehr und für Großbauten eine Menge Bausubstanz geopfert worden. Darunter befanden sich viele historische Wohnhäuser, die wir heute ganz selbstverständlich unter Denkmalschutz stellten.

Daß aber auch, besonders auffällig seit den 80er Jahren, manchmal örtliche Bautraditionen wieder aufgenommen und weitergeführt werden und insgesamt einfühlsamer und intelligenter gebaut wird, das dokumentiert dieser Bildband an 10 ausgewählten, überzeugenden Beispielen aus dem Erftkreis: Auch um zu zeigen, daß es anders geht und nicht allein die nackten Baukosten und der Renditerechner unser Bauen und Wohnen bestimmen dürfen.

Dieser baugeschichtliche Streifzug versucht Interesse für unsere gebaute Wohnwelt zu wecken, vor allen Dingen möchte er aber zu weiteren Forschungen anregen.

Günter Krüger

Bevölkerungsverteilung im Erftkreis

Im Erftkreis sind Wesseling und Brühl bei weitem am dichtesten besiedelt, gefolgt von Hürth und Frechen. Etwa die Mitte der Bevölkerungsdichte im Kreis weist der Bereich Bergheim / Pulheim auf. Die Ballungsrandzone an der Peripherie der rheinischen Metropole Köln ist, ansteigend von Nord nach Süd, deutlich stärker besiedelt als Bedburg, Elsdorf, Kerpen und Erftstadt im Westen des Kreises. Dabei ist zu berücksichtigen, daß Wesseling, Brühl, Hürth und Frechen die kleinsten Flächen auf dem Territorium des Erftkreises einnehmen. Erftstadt hat, gefolgt von Kerpen, mit 120 qkm die größte, Wesseling mit 23,37 qkm die kleinste Flächenausdehnung im Kreisgebiet. Gegenwärtig leben im Erftkreis, der einer der einwohnerstärksten Kreise des Regierungsbezirks Köln ist, rund 421 000 Menschen. Von 1939 bis 1982 hat sich die Bevölkerungszahl um etwa 128% erhöht.

Umsiedlungen im Erftkreis

In Nord-Süd-Richtung wird der Erftkreis durch den Höhenzug der Ville unterteilt, der im Süden eine Höhe von 60 bis 90 m, im Norden von nur noch etwa 20 m erreicht. Östlich dieses Rückens in Richtung Köln ist der Erftkreis Teil der hier dicht besiedelten und hochindustrialisierten Niederrheinischen Bucht. Westlich des Villerückens überwiegt in der Rheinischen Bördenzone die landwirtschaftliche Nutzung. Seine größte Ausdehnung beträgt in Nord-Süd-Richtung 38 km, in Ost-West-Richtung 28 km.

Der Braunkohleabbau hat tief in das Landschaftsbild eingegriffen. Traditionsreiche Ortschaften sowie wertvolle landwirtschaftliche Nutzflächen, besonders im Norden des Kreises wurden vernichtet. Für viele tausend Menschen bedeutete das Umsiedlung und die Beraubung ihrer Heimat. Eine Fülle von Baudenkmälern ging restlos unter. Neben herausragenden Bauwerken, z. B. der traditionsreiche Burgsitz Schloß Harff, ist auch eine stattliche Anzahl früher Fachwerkhäuser zu beklagen, die vor dem Abbruch weder zureichend dokumentiert noch erforscht worden sind.

BEDBURG

In der Stadt Bedburg, die 1975 aus fünf Gemeinden gebildet wurde, leben ca. 22.000 Einwohner auf einer Gesamtfläche von 80 qkm. Im Zentrum liegt das Bedburger Schloß, eines der ältesten Schlösser des Rheinlandes, mit weitläufigem Landschaftspark. Es zählt zu den ältesten Adelssitzen des Erftlandes.

Der Braunkohlenbergbau hat eine dominierende Rolle. Von 1950 bis 1983 wurden elf Ortschaften und vier Gehöfte mit ca. 7000 Personen umgesiedelt, darunter Morken-Harff, Epprath und Königshoven. Neben dem Braunkohlenabbau gibt es zahlreiche mittelständische Industrie- und Gewerbebetriebe. Die Landwirtschaft auf den ertragreichen Lößböden spielt immer noch eine wichtige Rolle.

Das mittelalterlich anmutende Alt-Kaster – am westlichen Rand der Erftaue gelegen – war früher eine der kleinsten Städte Deutschlands. Neben Giebelhäusern des 17. Jahrhunderts finden sich hier noch heute große Vierkanthöfe ehemaliger kirchlicher Güter ebenso wie bäuerliche Kleinbetriebe der früher abhängigen Kleinbauern; sie dienen heute weitgehend reinen Wohnzwecken.

BERGHEIM

Bergheim, 1312 erstmals urkundlich erwähnt, ist das Herz des rheinischen Braunkohlenreviers. Dennoch wird noch heute die Hälfte der Gesamtfläche von insgesamt 96 qkm landwirtschaftlich genutzt. Um den historischen Stadtkern hat sich ein Ring von Neusiedlungen, Miethäusern und Eigenheimen gebildet. Bergheims Hauptstraße, mit dem mittelalterlichen Aachener Tor und einer Reihe von wohlerhaltenen Wohnhäusern des 17. und 18. Jahrhunderts zählt zu den schönsten Straßen im Erftkreis.

Bergheim hat seit 1816 Tradition als Kreisstadt und ist künftig alleiniger Sitz der Erftkreisverwaltung. In 14 Ortschaften, die 1975 vereinigt wurden, leben 59.000 Menschen. Bergheims ältester Ortsteil ist Büsdorf, der im Jahr 927 erstmals urkundlich genannt wurde.

BRÜHL

Die Geschichte der Schloßstadt Brühl begann im 12. Jahrhundert mit der Gründung eines Burghofes als Verwaltungszentrum für die umliegenden Güter der Kölner Erzbischöfe. 100 Jahre später erfolgte der planmäßige Ausbau zu einer befestigten Stadt. Wesentlich älter aber sind die Stadtteile am Vorgebirge, in karolingischer Zeit blühte in Badorf und Pingsdorf das Rheinische Töpfergewerbe auf.

Der mittelalterliche, bis zum Beginn der Industrialisierung unveränderte Stadtgrundriß ist annähernd rechteckig, der Marktplatz bildet noch heute das Zentrum. 1826 zählte man in den Mauern der Stadt rund 1500 Einwohner.

Westlich und nördlich des Stadtkerns, vorzugsweise in Schloßnähe, entstanden seit der Mitte des 19. Jahrhunderts großzügige Villen mit Parks und Gärten. In den siebziger Jahren setzte die Entwicklung zum Industrieort ein, innerhalb von 20 Jahren war die Zahl der Häuser von 386 auf 600 gestiegen. 1955 wurde in Brühl das letzte Brikett gepresst.

Nach der Währungsreform (1948) beginnt eine alles in den Schatten stellende Bautätigkeit mit Schwergewicht in der Innenstadt und in den nordwestlichen Stadtgebieten. Heute leben in Brühl 43.000 Menschen.

ELSDORF

Elsdorf, eine junge Gemeinde, in der heute etwa 20.000 Menschen leben, besteht aus 12 Ortschaften auf einer Gesamtfläche von 669 qkm. Die Wurzeln reichen allerdings weit zurück in die Zeit, als dieses Gebiet von den Franken besiedelt war.

Elsdorf weist mit Pulheim die geringste Industrialisierung auf. Von der einschneidenden Umwandlung großer landwirtschaftlicher Nutzflächen für den Wohnungsbau einmal abgesehen, hat der gesamte Bereich seine agrarbäuerliche Struktur weitgehend bewahrt. 47 qkm sind Landwirtschaftsflächen. Nördlich wie östlich liegen Tagebaue, Kraftwerke und Brikettfabriken.

ERFTSTADT

Erftstadt, 1969 aus 13 Gemeinden hervorgegangen, umfaßt mit 120 qkm die größte Fläche des Erftkreises, davon werden annähernd 90% landwirtschaftlich genutzt. Die traditionsreiche Schloßanlage Gracht mit ihrem Landschaftspark mitten in Liblar bietet eine Insel der Ruhe.

Mit Verleihung der Stadtrechte im Jahr 1279 ist Lechenich, heute ein Teil von Erftstadt, die älteste Stadt auf dem Territorium des heutigen Erftkreises. Die mittelalterliche Anlage mit der Ruine der mächtigen Landesburg und Resten der Stadtmauer ist weitgehend erhalten. Seit den 60er Jahren schließen große Wohnsiedlungsgebiete beinahe den gesamten Ortskern ein.

Kleine und große Haufendörfer, selbst Weilersiedlungen blieben in Erftstadt erhalten. Ein für die Agrarlandschaft der Börde typisches, eng bebautes Haufendorf ist Gymnich. Die Ortserweiterung ist von Reihenhaussiedlungen geprägt. Einige Aussiedlerhöfe und letzte Börden-Einzelhöfe werden noch bewirtschaftet.

Auch Erftstadt hat, zum Teil in massierter Hochbauform, ausgedehnte Wohngebiete erschlossen. Wohnten 1950 noch 23.000 Menschen im Raum Erftstadt, so sind es heute 45.000.

FRECHEN

Die traditionelle Töpferstadt Frechen hat seit 1951 Stadtrechte, der Ort entstand als Straßendorf am alten Handels- und Reiseweg Köln – Kerpen – Düren am Fuß des Villehangs. Vom dicht bebauten Ortskern ausgehend, haben sich Wohnsiedlungen sowie Ansiedlungen von Gewerbe und Industrie seit den 70er Jahren stark ausgedehnt. Solide, gut gegliederte Wohnhäuser mit unverputztem Klinkermauerwerk aus den 30er Jahren fallen angenehm auf. In Frechen wohnen heute 44.000 Menschen auf einer Gesamtfläche von 45 qkm.

Mehr als die Hälfte der Frechener Bevölkerung lebt in Einfamilienhäusern. So unterschiedlich die persönlichen Anforderungen an eine Wohnung sind, so unterschiedlich sind auch die Wohnmöglichkeiten in Frechen. Mehrgeschossiger Mietwohnungsbau und Reihenhausbebauung, ansprechender Fachwerkbau und moderne Bungalowbauweise, Siedlungseigenheime und exclusive Villen sind in Frechen anzutreffen.

HÜRTH

Die Großgemeinde Hürth, 1930/33 durch Zusammenschluß von 12 Bauerndörfern und Bergarbeitersiedlungen entstanden, erhielt 1978 Stadtrechte. Hürth und Hermülheim waren noch zu Beginn des 19. Jahrhunderts rein landwirtschaftlich orientierte Haufendörfer inmitten von Ackerfluren. 39 Prozent des Stadtgebietes werden noch landwirtschaftlich oder gärtnerisch genutzt. 51.000 Einwohner leben auf einer Gesamtfläche von 51,17 qkm.

Die Stadt ist seit der Jahrhundertwende von der Großindustrie geprägt. Nahezu die Hälfte des Stadtgebietes wurde ab 1820 ausgekohlt und anschließend rekultiviert. Der Ort Berrenrath wurde 1952/58 wegen der Braunkohle komplett umgesiedelt. 1988 wurde die letzte Tonne Braunkohle in Hürth gefördert. Aus Gründen des Umweltschutzes erfolgte 1970/75 die Umsiedlung von Knapsack. 1964/84 entstand das Zentrum Hürth-Mitte mit verdichteter Wohnbebauung und zentralen Einrichtungen.

KERPEN

Kerpen, im frühen Mittelalter Teil eines Reichsgutes, im Jahr 871 erstmals erwähnt, ist heute die einwohnerstärkste Stadt im Erftkreis, gefolgt von Bergheim. Die Stadt vereinigt ländlich-bäuerliche Gemeinden und Pendlerwohnorte mit dem alten Zentrum. Kerpen verfügt über die bei weitem größte Denkmalliste des Kreises. Aber auch in diesem südwestlichen Bereich sind infolge der Braunkohlengewinnung Menschen umgesiedelt, sowie historische Bauwerke von Rang vernichtet worden.

Vergleichsweise wenig wurde Balkhausen von Umsiedlungen betroffen. Ganz umgesiedelt wurden Bottenbroich (als erster Ort des Kreises in den Jahren 1938–1951) und Mödrath (1957–1962).

Insgesamt wuchs die Bevölkerung von 1799–1992 um das 7fache von 8.066 auf fast 60.000. Die Wachstumsrate in den vergangenen 45 Jahren betrug über 125%.

PULHEIM

Pulheim, seit 1981 Stadt, ist seit 1975 mit den früher selbständigen Gemeinden Brauweiler, Stommeln und Sinnersdorf mit seinen 8 Ortschaften vereinigt. Die älteste Erwähnung betrifft die Orte Stommeln, Geyen und Sinthern. Sie werden schon im Jahr 962 in einer Urkunde genannt. Die Stadt Pulheim zählt heute 49.000 Einwohner auf einer Gesamtfläche von 72 qkm, davon werden noch 53 qkm landwirtschaftlich genutzt.

Nach 1960 setzte überall eine alles Bisherige in den Schatten stellende Bautätigkeit ein. Nur Freimersdorf, Ingendorf und Manstedten bewahrten ihren von der Landwirtschaft geprägten Charakter. Durch neue Siedlungsflächen verschmolzen Orte wie Sinthern, Geyen, Brauweiler und Dansweiler. Große Gewerbebetriebe entstanden an den Rändern von Pulheim und Brauweiler, das durch seine Benediktinerabtei, deren Baugeschichte bis in die Romanik zurückreicht, berühmt geworden ist.

WESSELING

In der an einem Rheinbogen zwischen Köln und Bonn verkehrsgünstig gelegenen Stadt Wesseling dominiert die chemische Großindustrie. 1972 erhielt Wesseling die Stadtrechte. Nachdem die Bürger sich erfolgreich gegen die Eingemeindung nach Köln gewehrt hatten, wurde Wesseling 1976 wieder selbständig.

Die Stadt – mit römisch-fränkischen Wurzeln – entwickelte sich im wesentlichen aus den Dörfern Oberwesseling und Unterwesseling, weitere Ortschaften wurden im Laufe der Jahre eingemeindet.

Der Rheinpark und das Naherholungsgebiet „Entenfang" sind attraktive Freizeitbereiche. Das Naturschutzgebiet „Entenfang" ist für viele selten gewordene Vogelarten von großer, überregionaler Bedeutung.

In der Stadt Wesseling, die über die kleinste Fläche im Erftkreis verfügt, wohnen über 32.000 Menschen – das sind 1.304 Einwohner pro qkm. Wesseling hat, gefolgt von Brühl, die größte Bevölkerungsdichte im Kreisgebiet.

Art deco in Wesseling (Seite 46)

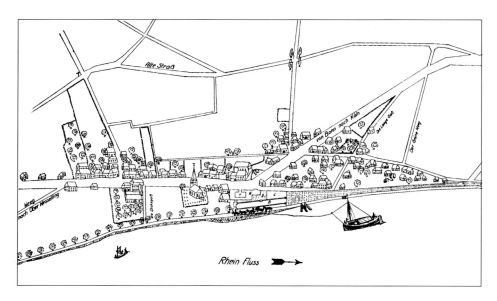

Nieder-Wesseling im Jahr 1808
(Archiv v. Geyr, Schweppenburg)

*Architektur ist eine soziale Manifestation.
Wenn wir wissen wollen, weshalb gewisse
Dinge in unserer Architektur
so und nicht anders sind,
müssen wir auf die Gesellschaft schauen;
denn unsere Bauten und Städte
sind ein Abbild unserer Gesellschaft.*

Louis H. Sullivan (1901)

Günter Krüger, Haus „Zum Schwan" in Brühl, 1991

Der Bürger ... in einer schlecht gebauten Stadt, wo der Zufall mit leidigem Besen die Häuser zusammenkehrte, lebt unbewußt in der Wüste eines düsteren Zustandes.

Goethe

LEBENSRAUM IM WANDEL

Das Gefühl der Geborgenheit, in unverwechselbaren, langsam gewachsenen Lebensräumen zu wohnen, hat für nicht wenige Menschen durch die Vernichtung ihrer gebauten Geschichte, durch Um- und Ausbau weiter Bereiche mit monotonen Neubauten und Autoschnellstraßen großen Schaden genommen.

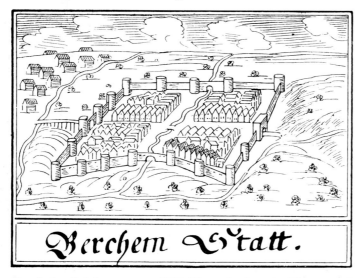

Bergheim, Zeichnung von 1723 (Kunstdenkm. der Rheinprov.)

Der Umbau unserer Lebensräume, der sich nach dem 2. Weltkrieg viel zu schnell vollzog, hat wesentlich zum Rückzug ins Private und zum Verfall von Gemeinsinn geführt. Der Versuch, urbanes Leben in der Gestalt von Fußgängerzonen zurückzuholen, ist aus zwei Gründen fragwürdig. Zum einen ähneln sich die Fußgängerzonen in den meisten Zentren wie ein Ei dem anderen; sie sind geprägt von der Einheitsausstattung der „Straßenmöblierung" und den uniformen Fassaden der Kaufläden. Zum anderen aber sind die Fußgängerzonen gar keine Fußgängerzonen, sondern ausnahmslos Einkaufsstraßen: Sie dienen dem Warenumschlag.

Die Innenausstattung des privaten Lebens erlitt äquivalent zum Draußen einschneidende Veränderungen. Die gute Stube wurde abgeräumt, Erbstücke landeten nicht selten kurzerhand auf dem Müll, wenn sie nicht Händler bereicherten. In immer schnellerer Folge wechselten die Couchgarnituren in den abgewickelten Stuben, die nun total auf das Zentrum und den Höhepunkt des familiären Wohnens, das Fernsehen, abgerichtet wurden.

Eindringlich seltsam kontrastiert die Abschottung vom öffentlichen Leben mit der Öffnung zum Weltgeschehen vor einem vergleichsweise kleinen Apparat. Solches Wohnverhalten, das bloß noch auf „Erlebnisse von Weltrang" aus ist, hat mehr verloren als gewonnen: Als Einzelner geborgen in der Gemeinschaft zu sein. Man kommt nicht mehr so recht zum Reden und gemeinsamen Tun zusammen. Wohnzimmer sind heute Unterhaltungs- und Informationszentren, gesendet wird für stille Empfänger.

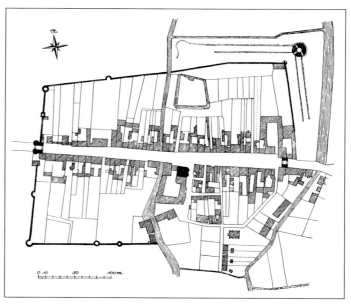

Bergheim, Stadtplan Anfang 19. Jh. (Rhein. Bildarchiv)

Nur wenn wir das Wohnen vermögen, können wir bauen.

Martin Heidegger

WOHNEN UND BAUEN

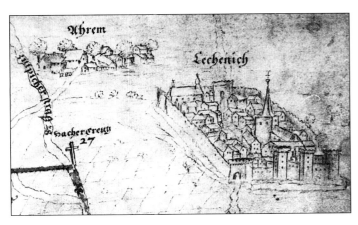

Ausschnitt aus einer Karte des Gerichtsbezirks Bliesheim (um 1750)

Das Wort „bauen" meinte im Mittelalter „wohnen, bewohnen". Wir bauen für das Wohnen. Das Wohnen setzt dem Bauen Maßstäbe. Doch heute schränken Rendite-Denker, aber auch kleinkarierte Bauvorschriften unser Wohnen ein. Dabei ist die Wohnung eines der wichtigsten Lebensmittel – das teuerste sowieso.

Gebaut wird für das Wohnen, das mehr ist, als in seinen vier Wänden vor dem Fernseher zu sitzen. Wohnen ist das Gewohnte, die humane Art und Weise, wie wir unser Leben einrichten: Mit anderen in der Gesellschaft.

Ursprünglich umfaßte das Wohnen viel mehr als wir heute darunter verstehen. Wohnen vereinigte alle Bereiche des täglichen Tuns und Lassens. Das ganze Leben, „von der Wiege bis zur Bahre", war vom gebauten Gehäuse und von bebautem Land umschlossen.

GEHÄUSE EINER GEMEINSCHAFT

Die mittelalterliche Stadt war das Gehäuse einer Gemeinschaft. Der Mauerring grenzte nach außen ab. Die uns Heutigen fremd gewordene Geborgenheit innerhalb der Stadtmauern förderte den Gemeinsinn und dämmte den Egoismus ein. Arbeiten und Wohnen waren noch nicht getrennte Bereiche. Und Nachbarschaft bedeutete auch Hilfsgemeinschaft, viele Dinge des täglichen Lebens meisterten die Menschen gemeinsam. Die mittelalterliche Stadt war überschaubar, alle Ereignisse betrafen jeden Bürger und wurden von allen erlebt. Jeder kannte jeden, wenigstens von Angesicht. Und jedes Mitglied der Gemeinschaft wurde gebraucht und hatte seinen anerkannten Platz. Die mittelalterliche Stadt war mehr als die Summe aus Wohnen und Arbeiten. Sie war Gestalt gewordenes Dasein einer Lebensgemeinschaft, sie war eine Lebensform.

Brühl um 1300. Modell von Willi Witte, Maßstab 1:500. Rekonstruiert von Günter Krüger auf der Grundlage des „Generaler Plann von der Statt und Cuhrfürstliegem jacht-Hause Brull" von Johann Conrad Schlaun um 1724. Beratung: Fritz Wündisch und Ing. H. Fischer

AUF DER STRECKE

Und heute? Wir arbeiten und essen werktags woanders. Oft ist der Arbeitsplatz erst nach langer Fahrzeit mit Bahn oder Auto erreicht. Das kostet Geld, aber vor allem bleibt viel Lebenszeit täglich auf der Strecke. Von denen, die mit uns leben und wohnen, sind wir tagsüber getrennt. Unser Wohnen ist trotz aufwendiger Innenausstattung recht eingeschränkt, geradezu armselig. Für eine wachsende Zahl von Menschen ist der häufigste Gast – mit Ausnahme der Fernsehbekannten – die Einsamkeit. Die Großfamilie als Lebensform ist längst ausgestorben.

So gesehen – wohnen wir wirklich noch? Oder ist unser Leben nicht vielmehr aufgesplittert in viele Bereiche, Handlungen, Termine, die sich alle nicht mehr so recht zu einem Ganzen fügen wollen. Gewiß, wir werden immer schneller, aber wir haben immer weniger Zeit. Auf der Suche nach dem endgültigen Glück sind wir vielleicht nur auf der Flucht vor unserem eigenen Wesen. Dieses Wesen heißt Wohnen. Und WOHNEN ist LEBEN.

STREIFZUG

Seinen Besuchern bietet der Erftkreis reichlich Kontraste. Wohngebiete in raschem Wechsel mit landwirtschaftlichen Fluren und zweckgebauten Industrieflächen. Da ist die Welt der Braunkohle und hier schon wieder ein rekultivierter Landstrich. Arbeitsgebiete und Erholungsbereiche, städtisches und ländliches Leben, oft bis zum Bersten dichtgedrängt in nächster Nachbarschaft. Triste Trabantenstädte, und gleich nebenan eine Wasserburg oder ein Barockschloß im gepflegten Park. Der Kreis hat harte Ecken, aber es sind auch noch viele idyllische Winkel zu entdecken.

Aus einer Vielzahl oft kilometerweit auseinanderliegender Ortschaften sind die Städte des Erftkreises zusammengesetzt. Bis tief ins Mittelalter reicht die Geschichte vieler Siedlungen zurück. Und Funde aus der Römerzeit sind keine Seltenheit.

Herkules, Römerfund aus Wesseling (Landesmuseum Bonn)

HOLZ, LEHM UND STROH

Auch im Erftkreis bauten die Menschen ihre Häuser traditionell aus Lehm, Holz und Stroh. Das Gefüge der Fachwerkbauten entspricht den menschlichen Maßen und es steht im Einklang mit der Natur. Fachwerkhäuser sichern ein behagliches und gesundes Milieu, das wird heute wieder entdeckt.

Gruß auf einem Türsturz in gotischer Form, 16. Jh. (Fachwerkhaus in Hürth, abgebrochen)

Der Haustyp entwickelte sich aus den Arbeits- und Lebensverhältnissen der Menschen. Wohnen und Arbeiten unter einem Dach, das war die Regel. Bis ins vorige Jahrhundert hat sich die Fachwerkbauweise gehalten. Industrialisierung und veränderte Produktionsbedingungen in der Landwirtschaft führten zum Verfall funktionslos gewordener Altbauten. Tagelöhnerhäuser und Höfe verschwanden, oder es wurde ihnen eine andere Nutzung zugefügt.

Wachsender Wohlstand ließ schließlich viele der letzten ortsprägenden Bauten verputzen oder mit völlig falschen und häßlichen „pflegeleichten" Materialien verunstalten. Ungebrochener Beliebtheit erfreut sich das Bekleben oder Verpacken ganzer Häuser mit Kacheln oder Ziegelimitaten.

Handwerker als Baustoffhändler und Verpackungskünstler: Erst tauschen sie die handgeschnitzten Haustüren gegen Kitschprodukte vom Fließband aus, mit „Metallic-Effekt" oder auf Bronze getrimmt. Dann reißen sie die Sprossenfenster reihenweise heraus, nehmen die schützenden Blendläden ab und bauen in überdimensionierte Fenstereinbrüche Norm-Fenster aus Metall oder Plastik ein: Das alles soll viel Glanz vorspiegeln, doch wirken die auf diese Art her- und hingerichteten Häuser bloß trostlos.

Der Löhrerhof in Hürth

Intakte Hofanlage, wohl aus der Mitte des 19. Jahrhunderts, in Bergheim-Fliesteden, Platz 3. Ziegelmauerwerk beginnt das Fachwerk zu verdrängen. Erneuerte Dachdeckung mit unpassenden Betonziegeln.

Neben der großen Hofanlage in der Horremer Clemensstraße liegt das anderthalbgeschossige Wohnhaus aus dem 19. Jahrhundert, dessen klar gegliederte Fachwerkkonstruktion den Bautyp der Spätzeit der Holzbaukunst aufs beste dokumentiert. (Kerpen)

Die „Pafemötz" in Friesheim, 1646 erbaut.

Laubenhäuser im Rheinland, das 1664 erbaute Haus „Zur Löv" (Laube) zu bewundern. Das alte Gasthaus „Pafemötz" in Friesheim (Baujahr 1646) steht seit geraumer Zeit leer und ist vom Verfall bedroht. Haus Fuck in Erftstadt-Friesheim, nimmt als Fachwerkhaus des 17. Jahrhunderts im Erftkreis eine Sonderstellung ein. Das hohe Gebäude ohne Torweg hat schmuckhaft ausgeziegelte Gefache, wie in Norddeutschland üblich, und im Erdgeschoß noch Kreuzstockfenster. Ungewöhnlich für das 17. Jahrhundert, das noch ganz allgemein mehrzügige Schmalhäuser kannte, ist hier ein zweiraumtiefer Grundriß, der im ländlichen Bereich erst mit dem barocken Bürgerhaus im 18. Jahrhundert aufkommt.

Besonders nach dem 2. Weltkrieg wurde auch im Erftkreis eine Menge der historischen Bausubstanz, darunter viele Fachwerkbauten, abgerissen. Daß all die verschwundenen Fachwerkhäuser, die uns heute in den Städten und Dörfern so sehr fehlen, nicht mehr zu retten waren, ist bloß eine Ausrede. Denn es wurden welche ins Freilichtmuseum gestellt. Da stehen sie und werden bestaunt wie Tiere im Zoo.

Vor allem für den Ausbau der Straßen und für den Neubau von Kaufhäusern und Geldinstituten „verschwanden" viele Fachwerkhäuser. Viele zu Vororten gewordene Dörfer verstädterten und verloren ihr individuelles Aussehen. Und die Spezialisierung landwirtschaftlicher Betriebe zeigt sich auch in den veränderten Grundrissen der Neubauten.

So grenzt es an Wunder, wenn im Erftkreis bemerkenswerte Fachwerkbauten des 18. und 19. Jahrhunderts alle Katastrophen und Wohlstandswellen schadlos überstanden. Oft liebevoll gepflegt, finden sie sich in abgelegenen Dörfern, in Nachbarschaft zu mittelalterlichen Kirchen und Burgen. Selbst Zeugen des 17. Jahrhunderts kann der Reisende aufspüren. In Schwadorf und Niederembt etwa. Weitgehend erhalten ist der Breuershof in Glessen. In Oberembt ist eines der letzten

Ausmauerung in Zierformen, Haus Fuck, Baujahr 1608 (Foto Erftstadt)

Das älteste Fachwerkhaus im Erftkreis ist ein zweigeschossiger Ständerbau in der Kirchhertener Zaunstraße, es wurde 1558 errichtet, aber durch Sanierungsmaßnahmen stark verändert. Ein anderes Haus, mit Bauteilen aus der 2. Hälfte des 16. Jahrhunderts steht noch in Fischenich.

Zerstörte Verblattung am Fachwerkhaus in Fischenich, 16. Jh.

Das wohl älteste im Erftkreis noch erhaltene Fachwerkhaus in Bedburg-Kirchherten, Zaunstr. 99. Ständerbauweise mit Hochrähmzimmerung. Der versetzte, traufseitig liegende Eingang liegt neben einem geschweiften Sturzbalken mit der erneuerten Datierung 1558. Vielleicht wurde dieser Sturzriegel von einer anderen Stelle hierher versetzt?

RETTUNGSDIENST

*Manches Herrliche der Welt
ist in Krieg und Streit zerronnen,
wer beschützet und erhält,
hat das schönste Los gewonnen.*

(Goethe in Weimar, 1826)

Mitglieder der BRÜHLER MUSEUMSGESELLSCHAFT e.V. haben 1987 das Gebälk zweier historischer Fachwerkhäuser abgetragen und geborgen. Es sind die Häuser Schiffergasse 7 und 9 in Pingsdorf. Sie wurden im Auftrag der Stadt Brühl abgebrochen.

Sämtliche Balken, etwa 160 pro Haus, mußten mit einer Nummer gekennzeichnet werden. Sorgfältige Grundriß- und Aufrißzeichnungen gewährleisten, daß ein Wiederaufbau möglich ist.

Bei den etwa 200jährigen Tagelöhnerhäusern handelt es sich um eineinhalbgeschossige, dreizonige Ständerbauten auf einer Grundfläche von etwa 8 x 3,50 bzw. 10 x 4 m. Durch die Haustür betrat man direkt den zentral gelegenen Herdraum. Von hier gelangte man in die Stube, die immer straßenwärts lag.

Die Stube des Hauses Nr. 9 war zur Biedermeierzeit höchst phantasievoll ausgemalt. Die Freilegung der Farbschichten weist in einzelnen Bereichen wenigstens 14 verschiedene Wandanstriche auf. Unter einem hauchdünnen Kalkmörtelverputz fanden sich die ursprünglichen Strohlehmausfachungen, auf senkrechten Staken und horizontal verflochtenen Weidenruten, noch weitgehend erhalten.

Andere Gefache im Feuchtigkeitsbereich wurden nachträglich ausgemauert. Lediglich der Straßengiebel Nr. 9 wies eine Erstausmauerung unter Putz aus. Die Traufenseiten sind erst im 20. Jahrhundert verputzt worden. Das Sichtfachwerk des Hauses Nr. 7 blieb weitgehend bis zuletzt erhalten.

Im rückwärtigen Drittel der Häuser befand sich eine Schlafkammer, ursprünglich wohl der Wirtschaftsraum der Hausfrau oder die Werkstatt des Mannes. In die oberen Schlafkammern führte eine Stiege vom mittleren Herdraum aus.

Im Keller unter der Stube lagerte das Eingemachte, hier standen auch die großen Tontöpfe, wohlgefüllt mit Sauerkraut, Schnippelbohnen und Gewürzgurken. Alles aus eigener Ernte!

Über die Erstbewohner beider Häuser ist nichts bekannt. Vielleicht waren sie, ebenso wie ihre Nachkommen, Tagelöhner. Belegt ist, daß später viele der Pingsdorfer Tagelöhner in den Braunkohlegruben gearbeitet haben.

*Das Ungewöhnlichste, das je im Foyer des Hürther Kreishauses gestanden hat: Das komplette Skelett eines Fachwerkhauses aus der Pingsdorfer Schiffergasse Nr. 9.
(Ausstellung „Wohnen im Wandel", 1989)*

Das auf einem Backsteinsockel errichtete, ausgeziegelte Fachwerkhaus in Erftstadt-Friesheim, Graf Emundus-Straße 49a, stammt aus der Mitte des 19. Jahrhunderts. Schöner, in strengen klassizistischen Formen gestalteter Eingang. Unter Verwendung der ursprünglichen Farbgestaltung vorbildlich saniert.

Kleines Foto: Stadt Erftstadt

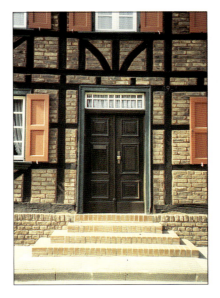

In Brühl-Schwadorf, in der Spürckstraße 17, war ein Fachwerkhaus aus dem 19. Jahrhundert nicht mehr zu retten. Der Entschluß, den Neubau in konstruktiver Fachwerkbauweise mit ausgemauerten Gefachen zu errichten, ist zu begrüßen. Denn Schwadorf, das seinen dörflichen Charakter im besten Sinne weitgehend bewahren konnte, hat noch heute einige bemerkenswerte Fachwerkbauten vorzuweisen.

(Neubau 1988 abgeschlossen)

Wohnhaus im benachbarten Walberberg, 1661 erbaut. (Zeichnung aus: H. Tück, Heimatgeschichte von Walberberg, 1973)

Sog. Finkenburg in Schwadorf, 17. Jh. (Zeichnung G. Krüger)

Das Haus Nr. 7 beherbergte zuletzt eine zehnköpfige Familie. Früher lebten selbstverständlich drei bis vier Generationen unter einem Dach. In einer von Habsucht und Verschwendung gekennzeichneten Zeit werden solche Wohnverhältnisse für unzumutbar gehalten. Doch unsere Vorfahren waren sich durchaus nicht nur räumlich viel näher. Kälte und Geschwindigkeit waren noch nicht in der Welt.

Während das Haus Nr. 9 einen einwandfreien Erhaltungszustand aufwies, machte Nr. 7 einen recht desolaten Eindruck. Die BRÜHLER MUSEUMSGESELLSCHAFT e. V. entschloß sich dennoch, auch das Gebälk dieses Hauses zu bergen: Der historische Wert als Zeugnis ländlichen Lebens ist gar nicht hoch genug zu veranschlagen.

Ein Tagelöhnerhaus ist ebenso wie das Schloß Augustusburg ein Kulturdenkmal. Es gewährt Einblicke in Lebensformen, denen wir entstammen. Für die Gestaltung unserer Gegenwart und unserer Zukunft ist das von unschätzbarem Wert.

Brühl-Badorf, Hauptstraße 57. Während der Niederschrift dieses Essays abgerissen.

LADENEINBRUCH

Wer aber ein gotisches oder gar romanisches Wohnhaus sucht, muß nach Karden, Köln oder Bad Münstereifel radeln – im Erftkreis hat keines überlebt. Von Wasserburgen, und einem seltenen spätgotischen Klostergebäude mit Gewölbehallen in Königsdorf einmal abgesehen, gibt es hier keine Wohnbauten des Mittelalters mehr. Das älteste Bürgerhaus, das seine Gestalt weitgehend retten konnte, ist das Haus „Zum Stern" in Brühl. Ein Renaissancebau von 1532, dessen obere Geschosse im 18. Jahrhundert verputzt worden sind.

Haus „Zum Stern"

Ein interessantes Gebäude in Bergheim, Hauptstraße 106, ist im Kern wohl noch gotisch. Das heutige Erscheinungsbild prägt ein schön geschweifter Stufengiebel des 17. Jahrhunderts. Ein Ladeneinbruch im rechten Teil verunstaltet das Haus erheblich. Auf der anderen Straßenseite blieb ein bemerkenswert schöner Renaissancebau erhalten.

ZEITMASCHINE

In einer Gegend, wo der Braunkohlebagger eine Menge Heimat abgeräumt hat, liegt an der Erft das idyllische Städtchen Kaster, dessen Anlage noch heute mittelalterlich anmutet. Überraschend wohlerhaltene Giebelhäuser des 17. Jahrhunderts umstehen den Markt. Turmbewehrte und sturmbewährte Stadtmauern, Gassen und Blumengärten – man traut seinen Augen nicht und denkt an die Zeitmaschine, die in die Vergangenheit versetzt. Diese Herrlichkeit wäre um ein Haar, wie viele

Kaster: Um ein Haar wäre das idyllische Städtchen – wie so viele andere dieses Landstrichs – dem Tagebau zum Opfer gefallen.

Der Bauernhof in Alt-Kaster, Hauptstraße 7 (vorn im Bild), wird nach wie vor als landwirtschaftlicher Betrieb genutzt. Geschmiedete Anker weisen das Baujahr aus. Neben dem Wohnhaus mit einem für diese Zeit typischen Ziergiebel liegt die Toreinfahrt. Das andere Eckhaus (im Hintergrund) mit schwungvollem Giebel wurde 1653 erbaut. (Vgl. Schweifgiebel Burg Gleuel, 1632 datiert).

Erlesene Baukunst in Bergheim: Das „Rote Haus", Hauptstraße 99, stammt im Kern aus dem frühen 17. Jahrhundert. Der stattliche Backsteinbau ist mit zwei Tonnengewölben unterkellert. Das rundbogige Tor führt in einen umschlossenen Innenhof, der ursprünglich zu jedem Wohnhaus gehörte. Der Hof eines bedeutenden Renaissance-Gebäudes in Brühl wurde nach 460 Jahren plötzlich zur Baulücke erklärt und zugebaut.

Der über der Einfahrt liegende Balkon auf geschmückten Konsolen wurde nachträglich angebracht. Die Westseite des Bauwerks überragt ein geschweifter Staffelgiebel. Das Innere ist leider weitgehend „entkernt" und 1957 umgebaut.

Nebenan liegt das verputzte, vornehm gestaltete „Haus Frentz" mit Mansarddach. Ankersplinte datieren das Bauwerk „AN(N)O 1769". Prächtig gestalteter Eingangsbereich mit einem Wappen im Scheitel verziertem Oberlicht und einer Vortreppe. Auch dieses Wohnhaus hat heute eine stark veränderte Raumaufteilung.

Der „Domhof" in Pulheim-Manstedten, Büsdorfer Straße 36, seit 1286 bezeugt, gehörte zum Besitz der Abtei Brauweiler, später zum Kölner Domkapitel. Das heutige Wohngebäude der vierseitigen Hofanlage zeigt auf Eisenankern das Baujahr. Große Scheune und Wirtschaftsgebäude im Kern ebenfalls 18. Jahrhundert, mit Ergänzungen und starken Veränderungen im 19. und frühen 20. Jahrhundert.

Repräsentativer Dreikanthof in Kerpen-Manheim, erbaut nach 1820. Wie üblich liegt das zweigeschossige Wohnhaus aus Backstein mit hohem, verputztem Sockel und vorgelagerter Freitreppe straßenwärts. Stichbogiger Eingang mit schönem Türblatt in neugotischen Formen und Maßwerk-Oberlicht. Die Mittelachse ist durch flankierende Lisenen betont, ebenso als Abschluß des fünfachsigen Wohnteils und des Wirtschaftsteils. Hier ist die korbbogige Einfahrt mit originalen Torflügeln vorzüglich erhalten.

(Forsthausstraße 30)

Die zweiläufige Freitreppe, die zum werksteingerahmten Eingang mit erhaltengebliebener Haustür und reich verziertem Oberlicht führt, gibt dem in klassizistischen Formen erbauten Pfarrhaus in Kerpen-Blatzheim, Dürener Straße 278, sein besonderes Gepräge. Die mittlere Achse betont ein Zwerchgiebel mit Okulus. Eine Tafel an dem um 1800 erbauten Gebäude weist darauf hin, daß Adolf Kolping hier 1835–1836 regelmäßig zu Besuch war.

Ein flacher Giebel über dreiachsigem Mittelrisalit und ein abgewinkeltes Walmdach mit gestaffelten Gauben gibt diesem, um 1820 erbauten Solitär in Kerpen, Stiftstraße 6, seine guten Proportionen. Älterer Kern mit Keller, wohl ehemaliges Stiftherrenhaus. Über dem Eingang ein Stiftswappen (versetzt). Der Platz gehörte zur ehemaligen Stiftimmunität, er war von Kanonikerhäusern umstanden; einige sind im Kern noch erhalten.

andere Ortschaften dieses Landstrichs, dem Tagebau zum Opfer gefallen. Doch hier haben Bürger sich erfolgreich gewehrt. Der Sieg kann sich sehen lassen!

Vor den Toren Alt-Kasters entstand für Umsiedler, deren Häuser und Höfe der Braunkohle geopfert worden sind, eine Siedlung. Statt Baukunst lauert hier leider viel Baukitsch. Alles, was besonders schön zu werden versprach, geriet nicht selten zur unfreiwilligen Parodie. Unvereinbares aus Katalogen und Ferienerinnerungen zusammengeträumt und von schlechten Architekten vollstreckt, wirkt hier, in dieser bunt zusammengewürfelten Mischung, allzu opulent.

PREUSSEN AM RHEIN

Hatte jahrhundertelang die Fachwerkkunst beim Hausbau dominiert, so löste der Übergang zur Industriegesellschaft für Leben, Wohnen und Bauen einen tiefgreifenden Wandel aus. Es entstanden Häuser und Gehöfte in nüchternen Formen, wie sie das preussische Staatshochbauamt Schinkelscher Prägung ins Rheinland gebracht hatte. Typisch sind die wohlproportionierten, überwiegend zweigeschossigen Häuser aus dunklem Backstein.

Der Mellerhof in Frechen-Königsdorf, Aachener Straße 572. Die geschlossene vierflügelige Hofanlage, 1820 erbaut, präsentiert sich noch heute in vornehmer und gepflegter Gestalt.

Diese Bauweise folgte jenem barocken Spätstil, der schon in der ersten Hälfte des 18. Jahrhunderts von strengen klassizistischen Formen bestimmt war und im Rheinland für repräsentative Bauten noch lange fortwirkte. Auf reichere architektonische Gliederung wurde verzichtet, der Schmuck konzentrierte sich auf die Fenstergestaltung und auf einen mehr oder weniger aufwendigen Aufbau des Portals. Das schiefergedeckte Mansarddach mit Dreieckgiebel verleiht den meist verputzten Gebäuden ein vornehmes Aussehen. Das Mansarddach tritt in Köln erstmals 1722 auf.

Das Haus „Zum Schwan" am Brühler Markt zählt zu den aufwendigen Putzbauten dieser Art im Erftkreis. Naheliegend ist, hier an einen Entwurf des kurkölnischen Hofbaumeisters Michel Leveilly zu denken, der übrigens auch das Bonner Rathaus entwarf und Bauleiter der Brühler Schloßbauten war. Das 1749 erbaute Wohnhaus zeigt eine Verwandtschaft mit der ersten Zeichnung für den Hauptpavillon von Schloß Clemenswerth – Entwurf: Michel Leveilly!

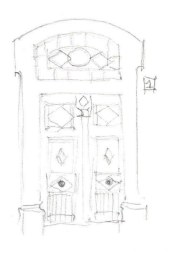

Die letzte Haustür aus Holz am Brühler Markt.

Bergheim, Quadrat-Ichendorf, Im Rauland 70: Ein klitzekleiner klassizistischer Solitär aus dem frühen 19. Jahrhundert, an dem der preußische Star- und Staatsarchitekt Schinkel seine helle Freude gehabt hätte. Das eingeschossige Wohnhaus mit Zwerchgiebel und Rundfenster („Ochsenauge") ist ein verputzter Fachwerkbau. Grundriß und Proportionen stellen einen äußerst seltenen Haustyp dar, daher ist das Gebäude besonders aus hauskundlichen Gründen von Bedeutung. Das Haus war, trotz der Interventionen des Autors, jahrelang dem Verfall preisgegeben. Auch der Rat, die ungewöhnlich schöne Haustür sicherzustellen, wurde nicht befolgt; inzwischen wurde sie gestohlen.

Doch in der Regel kamen Zimmerleute und Maurer beim Bauen in der Provinz noch bis weit ins 19. Jahrhundert ohne Architekten aus. Als Baumeister fertigten sie auch die Pläne. Doch dann kamen die Architekten über das Land ...

Im Verlauf des 19. Jahrhunderts wandelt sich das Erscheinungsbild der schmucklosen Bauweise für einfache Wohnbauten. Vorwiegend romanische und gotische Zierformen und Gliederungen beleben jetzt die Fassade. Reizvoll ist der krönende Ziergiebel über dem Eingangsbereich in schier unerschöpflichen Variationen.

Wesseling, Kölner Straße 3

Manchmal wirkt ein Haus wie eine winzige Wasserburg. Und manchmal steht tatsächlich ein mittelalterliches Original gleich um die Ecke. Als Festungen waren die Burgen aber ursprünglich schlichte, schmucklose Backsteinbauten. Erst im 19. Jahrhundert, mit dem Aufkommen der Burgenromantik und der Begeisterung für den Vollendungsbau des Kölner Doms, erhielten viele ihr heutiges, neugotisches Erscheinungsbild. Schloß Paffendorf beispielsweise in den Jahren 1861/1865. Oder die Vorburg von Schloß Gracht: Nachdem sie 1879 niedergebrannt war, ließen die Metternichs sie ein Jahr später mit neugotischen Treppengiebeln und Zinnen wieder aufbauen. Das prunkvolle Barockportal, das unversehrt geblieben war, wurde in den Neubau einbezogen.

Der Kölner Dombau konnte noch nach wiederaufgefundenen Turmplänen des Mittelalters fortgeführt werden. Ein Glücksfall. Aber dann wurde es geradezu Mode, so zu bauen, als wäre der Bauplan schon vor Jahrhunderten gezeichnet worden. Ein bißchen „Fälschungsarchitektur" war hier immer im Spiel.

FORTSCHRITT UND HISTORISMUS

Fortschritt und Historismus – beides hat das 19. Jahrhundert in überreicher Weise entfaltet. Die Menschen müssen angstvoll, aber uneingestanden gespürt haben, wohin die Entfesselung der technischen Ver-

Minimal-Historismus

Bildstock in Niederembt, Gut Richartzhofen. Gotisierender Schaugiebel, einer Fassade im Stil des Historismus nachempfunden. Gelber Klinker, drei Giebel aus grauem Sandstein; mittlere Nische mit Marienstatuette hinter Maßwerkfenster. Die obere Doppelblendnische mit einem Kreuz geziert, unter den Seitengiebeln aus profilierten Klinkern ebenso vorgeblendete Kelche. Je drei stilisierte Blüten in das Mauerwerk der unteren Seitennischen eingelassen. Die vier Pilaster sind inzwischen ohne oberen Abschluß. Der Erhaltungszustand des ungewöhnlichen Bildstocks ist beklagenswert.

Ein für den Erftkreis typisches, sehr aufwendig gestaltetes Wohnhaus in Erftstadt-Liblar, Köttinger Straße 7. Auffällig und an neugotische Burgenarchitektur dieser Region erinnernd, die zinnenartige Verblendung der Traufe. Ein wohlproportionierter Giebel, Keramikkapitelle der Lisenen und die Betonung der Gebäudeecken durch Vierkantsäulen geben dem Bauwerk sein besonderes Gepräge. Wirtschaftstrakte ergänzen das um 1860 erbaute Wohnhaus zu einem Vierkanthof.

Auch die Wasserburgen im Erftkreis sind dem Historismus zuzuordnen. Denn ursprünglich waren das gar nicht so „romantische", sondern weitgehend schmucklose Festungen. Erst im vorigen Jahrhundert, das die mittelalterliche Baukunst überschwenglich verklärte, erhielten die meisten ihr heutiges Erscheinungsbild. Andere Burgen wurden im 17./18. Jahrhundert zu Schlössern umgestaltet.

Als architektonischer Höhepunkt beherrscht Haus Kretz den Marktplatz in Lechenich. Der Kölner Dombaumeister Zwirner gestaltete das Haus 1862 im neugotischen Stil für den reichsten Grundbesitzer in Lechenich. Rückseitig ergänzen, ebenfalls in massiver Bauweise errichtete Wirtschaftsgebäude das Anwesen zu einem Vierkanthof.

In Lechenich – der planmäßige Ausbau zur Stadt erfolgte in der 2. Hälfte des 13. Jahrhunderts – knüpfte Zwirner wieder an die gotische Bautradition an. Von ihm stammen auch die Pläne für den veränderten Wiederaufbau der ruinösen Stadttore, sowie den Neubau des Rathauses (1862).

Zweigeschossiges Wohnhaus in Bedburg, Bergheimer Straße 2, erbaut 1900. Zwei, über Eck stehende Risalite mit Ziergiebeln gliedern das im Stil der italienischen Renaissance erbaute Haus. Gestaltung der Wandflächen durch Verklinkerung und aufwendige Stukkaturen. Der als Loggia gestaltete Eingangsbereich trägt eine, mit einer Balustrade geschmückte Terrasse. Zum Haus gehört ein großer Garten mit altem Baumbestand.

fügbarkeit der Welt treibt. Das Regiment der Maschine bescherte der „Wilhelminischen Epoche" schwindelerregende Handelsbilanzen auf dem Weltmarkt. Der Preis war wachsende Entfremdung und menschliche Entwurzelung. So blickte man auf der Suche nach Geborgenheit weit zurück. Wechselwirkend wuchsen Industrie und Sehnsucht. Die industrielle Vermarktung der Sehnsucht versorgte die Käufer mit millionenfachen kunstgewerblichen Kopien vergangener Epochen ... Erst der technische Fortschritt setzte den Historismus ungehemmt frei.

Mit der Industrialisierung setzte in Deutschland eine große Binnenwanderung der Arbeiter und Handwerker ein. Im letzten Drittel des 19. Jahrhunderts entstanden im rheinischen Revier am Vorgebirge Brikettfabriken, Steinzeug- und Ziegelwerke und chemische Betriebe. Aus dem Lipperland kamen Ziegelbäcker, aus Bayern und dem Osten Bergarbeiter, aus der Pfalz Chemiearbeiter. Der beispiellose wirtschaftliche Aufschwung führte zu einem rasanten Bevölkerungswachstum zwischen Brühl und Bergheim und löste eine rege Bautätigkeit aus. Die Zahl der Häuser stieg in Brühl 1873–1890 von etwa 380 auf 600. Frechen und Hürth verzeichneten zwischen 1871 und 1925 eine Bevölkerungszunahme von 170% bzw. 250%.

Ackerstädtchen verwandelten sich in Industrieorte. Aus Tagelöhnern und kleinen Bauern wurden Arbeiter. Im Umfeld neuer Fabrikanlagen entstanden großbürgerliche Direktorenvillen in gepflegten Parkanlagen und Arbeitersiedlungen mit kleinen Nutzgärten.

Naheliegend war, an die rheinische Tradition des Tagelöhnerhauses anzuknüpfen. Das kleine Wohnhaus für ein bis drei, im Höchstfall vier Familien war der bevorzugte Wohnhaustyp. Sie wurden aber auch für andere Berufsgruppen, kleine Handwerker und Gewerbetreibende oder untere Beamte gebaut. Die Kleinwohnung mit zwei oder auch drei Räumen war die Regel. Viele dieser Siedlungen oder Wohnblocks sind heute noch als vorbildlich zu bezeichnen.

Beispiel einer Arbeitersiedlung in Bergheim. Im Zuge der Industrialisierung entstehen schon seit Mitte des vorigen Jahrhunderts Arbeitersiedlungen oder Kolonien. Es sind entweder Häuserzeilen, unmittelbar aneinandergebaute zweigeschossige Wohneinheiten oder für zwei oder vier Familien errichtete Bauten in kleinen Gruppen, symmetrisch verteilt. Alle Wohneinheiten verfügen über eine kleine landwirtschaftliche Nutzfläche, Kleintierhaltung gehört dazu. (Heide, Kierberg, Pingsdorf in Brühl, Hürth-Knapsack und Wesseling sind frühe Beispiele)

Im Rheinischen Verein zur Förderung des Arbeiterwohnungswesens waren die Genossenschaften überörtlich organisiert, sie wurden von Kommunen und Fabrikbesitzern finanziell unterstützt. Oft stellten die Städte Baugrundstücke zu herabgesetzten Preisen zur Verfügung, Straßenbaukosten sowie Grundsteuern wurden reduziert. Das Land unterstützte die Genossenschaften durch großzügige Darlehen der Landesversicherungsanstalten.

1877 kam das erste rheinische Brikett auf den Markt, es wurde in Brühl gepreßt. Heute steht im Erftkreis das größte Braunkohlekraftwerk der Welt. Die über 100jährige Industrialisierung hat tiefe Spuren hinterlassen.

POTPOURRI

Prachtvolle Fassaden im Mischstil des Historismus und des Jugendstils setzten in der Zeit um 1900 im Städtebau

Traditionsreiche Häuser am Brühler Markt: 1968 abgeräumt für einen Kaufhauszweckbau aus Beton und Glas. (Foto Neff, 1934)

neue Akzente. Diese aufwendig gebauten Wohn- und Geschäftshäuser sind reich gegliedert und dekoriert, oft mit Ziegelfeldern und Fachwerkaufbauten angereichert. Sie überragen die älteren Häuser erheblich. Der Fassadenschmuck, fabrikmäßig hergestellt, konnte aus Katalogen ausgewählt und zusammengestellt werden. Oft sind die Hauptfassaden reicher entworfen als ausgeführt. Je nach Geldbeutel und Prestigebedürfnis des Bauherrn bestand die Aufgabe vor allem darin, die Hauptfassade als Kunstwerk zu gestalten. Während die Mietshäuser natürlich gleichförmiger ausfielen und sparsamer dekoriert waren.

Brühl, Kölnstraße

Fassadenentwürfe für 2 Wohnhäuser in Brühl, Friedrichstraße, 1909.

Die Architekten des vorigen Jahrhunderts waren Schüler aller Bauepochen. Im Verlauf eines Jahrhunderts hat sich der strenge Klassizismus mit Formen der Romanik und Gotik, der Renaissance und des Barock und am Ende mit dem aufblühenden Jugendstil vermischt – ein baukünstlerisches Potpourri! Vor dem 1. Weltkrieg läuft dieser Historismus aus. Er hat nach dem Überdruß an der funktionalen Raster- und Rechtewinkel-Architektur, inzwischen eine Neubewertung erfahren.

In den Städten des Erftkreises findet sich, trotz frevelhafter Abrisse oder für Handel und Banken total ausgeräumter Erdgeschosse, immer noch eine stattliche Zahl von Gebäuden dieser Bauepoche. In Lechenich etwa stehen am Markt einige baukünstlerisch wertvolle Gebäude in neugotischem Stil. Damit ist an den Geist des Bauens zur Zeit der Stadtgründung (1279) erinnert. Die Neugotik zitiert die Baukunst des Mittelalters natürlich aus dem Lebensgefühl und dem Stilempfinden des 19. Jahrhunderts.

In Brühl ist immer noch ein reicher Bestand der Zeit vom Klassizismus bis zum Jugendstil erhalten geblieben. Doch wie in vielen anderen Städten hat nur eine Minderzahl alle Moden und MORDernisierungen völlig ungeschoren überstanden. Der Baumeister Josef Blied (1877–1964) schuf in der Schloßstadt glanzvolle Verwaltungsbauten und Wohnhäuser, zumeist in Formen, die mit der Baukunst des 18. Jahrhunderts korrespondieren.

Barockes Pathos in Brühl. Die in der Kaiserstraße 6 äußerlich noch unverfälscht erhaltene „Villa Büttner" gehört zur beispielhaften Baukultur, die der hervorragende Stadtbaumeister Josef Blied Anfang des 20. Jahrhunderts in der Schloßstadt pflegte.

Jugendstil in Brühl: Das 1909 erbaute Wohnhaus in der Friedrichstraße 21 fällt durch seinen turmartigen Vorbau sowie einen hohen, geschweiften Zwerchhausgiebel auf. Gepflegter Erhaltungszustand, auch im Innern sorgfältig saniert.

Die Jugendstil-Fassade des 1910 erbauten Hauses (Bildmitte) ist die einzige noch ursprünglich erhaltene in der Antoniterstraße, der ersten geplanten Straße mit städtischem Charakter in Frechen.

*Phantasie und Augenmaß:
Auch schlichte Häuser können schön sein.*

Noch Anfang des 19. Jahrhunderts stand (Ecke Kempishofstraße/Pastoratstraße) in Brühl das gotische Herrenhaus des Kempishofes. Nach Abbruch der traditionsreichen Hofanlage, deren Ursprung bis in die Mitte des 13. Jahrhundert zurückreichte, entstanden hier bescheidene Einfamilienhäuser. Der Jugendstilgiebel wurde gleichzeitig mit dem Dachausbau 1910 aufgesetzt. Die Schaufensteranlage entstand schon 1906. Ganz links, unter Eternitplatten verborgen, ein Fachwerk des 18. Jahrhunderts.

Viele der großen Höfe, die seit dem Mittelalter im Besitz der Kirche oder seltener des Adels waren, bestanden nach der Säkularisation weiter als landwirtschaftliche Betriebe. Andere, besonders in der Ortsmitte gelegene Hofstellen wurden aufgelöst, neu parzelliert und mit Reihenhäusern bebaut (z.B. Kempishof u. Burghof in Brühl).

Der Kempishof. Aus einem Plan von 1764 (Köln, Hist. Archiv, aus: Akten St. Kunibert 13).

Eines der interessantesten Beispiele des Historismus in Brühl, Uhlstraße 101, mit vorzüglich erhaltener Innenarchitektur. Das Frühwerk des Architekten Josef Blied, erbaut um 1900, wurde 1987 abgebrochen. (Skizze G.K.)

*Architekten, Bildhauer, Maler ...
müssen zum Handwerk zurück ...
Das Endziel aller bildnerischen
Tätigkeit ist der Bau!*

(Gropius, Manifest 1919)

EXPERIMENT DEMOKRATIE

Wirtschaftliche und politische Umstellungen, neue Auffassungen der Lebensführung (Reformbewegung) seit der Jahrhundertwende, brachten nach dem 1. Weltkrieg auch in der Architektur große Umwälzungen. Das „Neue Bauen" betrieb die radikale Abkehr vom Historismus, der in Verruf geraten war. Die wesentlichen Anstöße kamen von den Bauhaus-Meistern. Sie verbanden mit dem Neuen Bauen soziale Vorstellungen. Sie wollten demokratisch bauen, alle Wohnungen sollten gleich sein, Gemeinschaftseinrichtungen zur Verbesserung der Lebensumstände beitragen. Erstmals wurde der Hausbau normiert und industrialisiert, das Dach dankte ab. Ende der 20er Jahre wich die kubische Strenge einer eher dekorativen Bauweise.

In dieser Zeit drückender Wohnungsnot erlebte der soziale und genossenschaftliche Wohnungsbau seine bis dahin größte Entfaltung. In vielen Städten und Gemeinden des Erftkreises entstanden um 1930 interessante, meist baugenossenschaftlich geplante Wohnanlagen, oft um einen Innenhof gruppiert. Geschlossene Siedlungen oder Baublocks fanden wegen geringerer Baukosten den Vorzug. Klar und sachlich komponiert, doch mit überraschenden Details in Formen der Art deco, überzeugen sie noch heute.

Bei dieser zweigeschossigen Wohnanlage in Wesseling (Am neuen Garten / Römerstraße) fallen besonders die pavillonartigen Dachausbauten im Stil der Art deco ins Auge. Spitze, geschwungene Verzierungen an den rundbogigen Türgewänden und am Erker der Gebäudeecke sind typisch für die Zeit um 1930 – hier aber besonders reich ausgeführt. Über Dachausbauten, mit einer staunenswerten Gestaltungsvielfalt des Giebels, ließe sich leicht ein ganzes Buch schreiben.

*Bachem, Hubert-Prott-Straße:
Schöne Wandnische über
einem Hauseingang
– streng und bewegt –
in Formen der Art deco*

Der Römerhof an der Römerstraße 1–43 ist in Brühl eine 1927 erbaute, geschlossene Wohnanlage aus 49 Einfamilien-, 2 Zweifamilien- und einem Neunfamilienhaus. Hinter diesen angenehmen Laubengängen, die den Zugang zu einem viereckigen Platz bilden, verschandeln Fabriktüren aus Aluminium und Riffelglas, Mosaiksteinchen und Keramikplättchen die Eingangsbereiche der Anlage, die zu den interessantesten dieser Art aus den 20er Jahren im Erftkreis zählt. Die Bogenschlußsteine mit römischen Symbolen und Masken aus Tuff sind gute Steinmetzarbeiten.

Siedlungsbau in Frechen: Nach einem einheitlichen Konzept wurden 1925–1930 in der Blumenstraße und am Freiheitsring Wohnhäuser unterschiedlichen Zuschnitts gebaut. Das rotbraun verklinkerte Laubenganghaus, mit großem rundbogigen Tor und Flachdächern, ist ein Teil dieser gelungenen und eigenwilligen städtebaulichen Lösung. Schmückende Details wie Tierplastiken und Reliefs stammen vom Kölner Bildhauer Franz Albermann und sind aus Frechener Keramik gefertigt.

Hürth, Matthiasstraße 18:
Ein Beispiel für das „Neue Bauen", das nach dem 1. Weltkrieg aufkam. Die Baukörper zeichnen sich durch klare kubische und schmucklose Formen, Betonung der Horizontalen sowie Flachdächer aus – das hier allerdings fehlt. Das Walmdach dieses, 1930 begonnenen und 1932 vollendeten villenartigen Hauses, ist gewiß ein Zugeständnis an die örtliche Bauberatung. Denn derzeit entbrannte in Deutschland ein heftiger Streit über die Flachdachbauweise, wie sie das „Bauhaus" propagiert hat. Aber schon 1916 hatte beispielsweise Irving Gill in Los Angeles eine maurisch inspirierte, dachlose Villa in stereometrischen Grundformen erbaut.

Interessante Eckbebauung in Brühl, Clemens-August-Straße 49 (1908).

Dach oder Nichtdach – das war die Frage, die in den 20er Jahren in Fachkreisen heiß diskutiert worden ist. Die Gegner der Schule des Flachdachs wetteiferten nun geradezu in der Gestaltung aufwendiger Dachformen. Hohe Steildächer, abgeknickte Sattel – und Krüppelwalmdächer, oft bis auf das Erdgeschoß herabgezogen (s. Zeichnung), mit Zwerchhäusern oder anderen Ausbauten bereichert.

Ein gepflegtes Beispiel dafür ist dieses eingeschossige Wohnhaus mit zwei Dachgeschossen unter einem schwungvoll abgewalmten Satteldach. Das dunkle Klinkermauerwerk ist, hier sehr abgemildert, dem „Ziegelexpressionismus" jener Zeit verpflichtet (Hürth-Fischenich, Gennerstraße 11, um 1930).

Gute Beispiele des Ziegelexpressionismus finden sich überall im Erftkreis, als herausragend seien die Wohnblocks am Frechener Freiheitsring genannt. Diese Epoche ist noch ein recht ungeschriebenes Blatt der Architekturgeschichte.

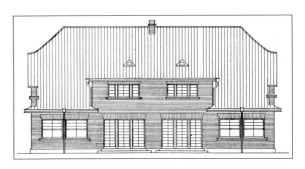

Rückansicht

Dem experimentellen Bauen bereiteten die Nationalsozialisten ein jähes Ende. Doch nach dem 2. Weltkrieg sollte das Neue Bauen der Weimarer Republik die Architektur noch einmal beherrschen. Stahl, Beton und Glas traten den Siegeszug an. Was die Baumeister Gropius, May und Mies van der Rohe mit sozialem Engagement und großer Hingabe entwickelt hatten, führte, ins Riesenhafte gesteigert und massenhaft gebaut, zum Untergang der Baukunst. Am Rand der Städte regierten jetzt die Profiteure und die Ingenieure.

WIEDERAUFBAU?

Ungeheure Kriegszerstörungen und eine Flut von Flüchtlingen zwangen die Gemeinden nach 1945 zu einem hastigen Wohnungsbau, fälschlicherweise Wiederaufbau genannt. Die Baukunst blieb auf der Strecke. Kahl und standardisiert, verrät dieser Niemandsstil der grau und rauh verputzten Häuser viel von der radikalen Geschichtsabwendung nach dem Inferno des 2. Weltkrieges.

Noch 1950 lebte etwa die Hälfte der Deutschen in Behelfswohnungen oder zur Untermiete in beengtesten Verhältnissen. In den folgenden zwanzig Jahren wurden in der alten Bundesrepublik etwa zehn Millionen Wohnungen gebaut.

Wirtschaftlichkeit hatte absoluten Vorrang. In Brühl entstand schon 1948 die erste Siedlung unter Leitung der Gemeinnützigen Bau- und Siedlungsgesellschaft. Familien hatten sich zu einer Siedlungsgemeinschaft zusammengeschlossen, um auf der Basis des Selbsthilfegedankens Einfamilienhäuser zu bauen. In den 50er Jahren wurden die ersten Reihenhäuser und Siedlungen des sozialen Wohnungsbaus äußerst bescheidenen Zuschnitts gebaut. Erst Ende der 50er Jahre gerieten die Grundrisse variabler.

„Erftlandsiedlung" an der Oesdorfer Straße in Elsdorf, 1958–1960. Häuserzeilen und Blocks in aufgelockerter Reihung, 2–3 geschossig mit ausgebautem Dachgeschoß, entstehen in den Jahren der Wohnungsnot und der Flüchtlingsströme aus dem Osten bald nach dem 2. Weltkrieg, zumeist an den Ortsrändern. Es sind schlichte, völlig schmucklos verputzte Mietshäuser, uniformen Aussehens. Grünflächen und Spielplätze gehören zum Wohnumfeld. Wäscheplatz im Freien, Waschküche und Trockenboden stehen den Haushalten zur gemeinsamen Verfügung. (Typisches Beispiel auch in Brühl-Vochem)

Jetzt wuchsen die Städte nicht mehr, sie wucherten. Ohne Rücksicht auf das gebaute Erbe walzten die Fortschrittsbesessenen Verkehrsnetze, Gewerbe- und Wohnflächen aus. „Flächensanierung" und „Autogerechte Stadt" waren die Schlagzeilen einer Zeit großer Verstörungen. Bald protestierten die ersten Bürgerinitiativen gegen die maßlos gewordenen Pläne.

PROTZHÄSSLICHER UMBAU

Zahllose Gebäude waren im Bombenhagel des Krieges untergegangen. Kaum weniger standen in vielen Städten dem „Wirtschaftswunder" und den (h)eiligen Autos im Weg. Ohne Rücksicht auf das Stadtbild wurden die Zentren kommerziell umgebaut. Nicht mehr regional orientierte Architektur, sondern „Bauen im Weltmaßstab" mußte es sein, nach dem Vorbild der USA. Geld erstickte den Geist.

WOHNKISTEN UND GEBAUTE SACKGASSEN

Gestapelte Kisten für Menschen, Obst und Gemüse.

Überall umwuchern monotone Massensiedlungen die alten Orte. Und in den historischen Zentren fallen protzhäßliche Bauten unangenehm auf. Sie haben dem Stadtbild großen Schaden zugefügt.

Hoch hinaus und tief gesunken: Billig und schnell gebaute Kisten für die teure Ware Wohnung in einer Zeit, in der alles zur Ware geworden ist. (Hürth-Mitte, um 1969)

Die Verluste an historischer Bausubstanz sind erheblich. Daß man die in Jahrhunderten gewachsenen Ortsbilder zerstört, sich aber sonntags im Museum an Bildern alter Meister delektiert, offenbart einen Defekt des kulturellen Bewußtseins. Es ist ein entstelltes Kulturverständnis, wenn das Bewahren des kulturellen Erbes auf Museumsstücke schrumpft, während die gebaute Welt, die doch das Haus unseres Lebens ist, zunehmend geschichts- und gesichtsloser wird.

Zu beklagen ist auch, daß ökonomisches Denken die Stadtökologie zunehmend ausgegrenzt hat. So haben Haus- oder gar Nutzgärten keinen Platz mehr in der Stadt. Höfe und letzte Winkel – ja selbst kleine Fachwerkhäuser – wurden zu „Baulücken" erklärt und zubetoniert für Neubauten, deren Überragendes nicht in der Baukunst, sondern bloß in ihrer stupiden Höhe besteht.

Gärtlein in Brühl, Böningergasse Nr. 6

Erst recht kein Existenzrecht in den Zentren genießen Hecken, verwilderte Gärten, alte Mauern, Böschungen, Weiher und Bäche. Solche letzten Rückzugsgebiete für Pflanzen und Tiere sind aus der steinernen Welt verbannt: So ruiniert maßloses Bauen, aus dem Ungeist der Rendite, unseren Lebensraum.

Heimkehr des vertriebenen Grüns (künftiger Hausgarten der Brühler Museumsgesellschaft)

Die Bestürzung zuerst, beim ersten Anblick bröckelnder Fassaden in manchen Bereichen der jungen Bundesländer, und jetzt beim zweiten, geduldigen Hinsehen – alles, was wir im Westen dem Mammon opferten, ist dort noch da! Da bewegt uns die Frage: Werden im Osten die gleichen Fehler etwa noch einmal gemacht – wie bei uns im amerikanisierten Westen? Werden nun auch dort Dörfer, Städte, Landschaften und Alleen ihre Passion erleiden? Die Macht des Geldes, die Ohnmacht der Gefühle ... (Mühlhausen in Thüringen, 1990)

Zum Kulturerbe der Menschheit zählen vorzüglich unsere gebauten Lebensräume, in denen Geschichte nicht nur ablesbar, sondern als Heimat bewohnbar bleibt. In der Ex-DDR ist immer noch eine Fülle hinreißend schöner, wenn auch abbröckelnder Altstädte da. Hoffentlich wiederholen die neuen Länder die Fehler der alten nicht. Der Kulturraum Stadt ist kostbarer als all der Konsummüll, der aus den Superläden und Baumärkten quillt.

GEBAUTE SACKGASSEN

In den 60er und 70er Jahren zeitigte der Massenwohnungsbau (in Ost u n d West!) schlimmste Auswüchse. Standard-Programmatiker bauten in geistloser Monotonie lauter Banalitäten. Hier, wo der rechte Winkel regiert, wohnt kein Kapitalanleger und kein einziger Architekt.

In den Himmel gebaute Sackgassen: Im Interesse der Investoren, aber nicht der Bewohner gebaute Mietskasernen. (Erftstadt-Liblar, Baujahr 1972)

Was hochmütig begann, endete kläglich. Niemand würde die in den Himmel gebauten Sackgassen heute noch einmal genehmigen. (Oder vielleicht doch?) Und nur die hohen Kosten haben den Abbruch gebauter Verbrechen – zum Beispiel in Meschenich – eben noch einmal verhindert. In den USA werden solche Wohnmaschinen inzwischen für unbewohnbar erklärt und in die Luft gesprengt. Amerika, du hast es früher!

Je mehr wir Altes durch Neues ersetzen, desto heimatloser werden wir, könnte man denken. Vermutlich ist es aber umgekehrt. Weil wir heimatlos, das heißt, unserem Wesen entfremdet sind, schwindet unser Verhältnis zur gebauten und gewachsenen Welt. Statt Gemeinsinn macht sich immer mehr Gleichgültigkeit breit.

Vor zwanzig Jahren profitlich aus dem Boden gestampft: Kapitale Fassaden, rechtgewinkelt und genormt. Hier wohnt kein Investor und kein einziger Architekt. (Kerpen-Türnich, Wohnpark, um 1972)

STÄDTE IM STRASSENVERKEHR

Die mittelalterliche Stadt wuchs an uralten Verkehrswegen. So führen alle Straßen in die engen Zentren, den Keimzellen der Siedlungen. Mit einer automobilen Gesellschaft in ferner Zukunft hat damals kein Mensch rechnen können. Jetzt ist der katastrophale Zustand des „Stau-Verkehrs" kaum mehr reparabel. Vom Traum zum Trauma: Die Welt, die früher voller Teufel war, ist heute voller Autos.

enthaltsraum und Spielplatz zurückzugewinnen. Das Ende des gehätschelten Umweltschädlings Nr. 1 ist nur noch eine Frage der Zeit. Städte und Dörfer werden wieder autofrei!

Ein merkwürdiger Trümmerhaufen.
In Chicago sind kürzlich 200 Automobile außer Dienst gestellt worden. Da aus einer Demontage nicht die Arbeitskosten herausgekommen wären, hat man sie mit einem Kran aufeinandergeschichtet und sie dann durch Bombenflugzeuge vernichtet. Unser Bild zeigt die Vehikel in Erwartung ihrer Vernichtung.

Königsdorf im Autozeitalter

(Aus: Die Welt, 28. April 1929)

FORTSCHRITT, AUSGENÜCHTERT

Das Konzept einer „verkehrsgerechten Stadt" ist jedenfalls überall gescheitert. So haben die Planer, nach Jahrzehnten der Lärm- und Abgasbelästigung durch immer aggressiveren Autoverkehr, vielerorts zumindest die Einkaufszentren verkehrsberuhigt oder autofrei umgebaut. Aufatmend nimmt der wieder auf die Füße gekommene Autofahrer die Schönheit historischer Gebäude jetzt erst wahr. Fehlt es aber an Einfühlungsvermögen und Phantasie, geraten die Konsumzonen öde und uniform. „Straßenmöblierung" plus Einheitsfassaden von Konzernen und Kaufketten lassen oft nur noch raten, welche Stadt den Besucher gerade empfängt.

Doch noch immer ist der Durchgangsverkehr – vorwiegend in den kleinen Ortschaften und Straßendörfern des Erftkreises – eine unzumutbare Belästigung für die Bewohner. Viele Straßen sind dem Verkehr zum Opfer gefallen. Es gilt, die Straße im Wohnbereich als Auf-

Der Erftkreis ist in weiten Bereichen eng besiedelt, die Landschaft wird knapp. Planungsoptimismus des fröhlichen Fortschritts, Glas- und Betonrausch der 60er und 70er Jahre sind verflogen. Die Planer treten leiser und kleinspuriger auf. Haben sie dazugelernt?

Über die unübersehbaren gebauten Fehler der Vergangenheit geht jetzt eine große Nachdenklichkeit um. Wohnmaschinen und Siedlungsbrei will niemand mehr. Der Abgott der bauenden Nachkriegsgeneration, Philip Johnson, der den „Internationalen Stil" betrieb, hat ihn am Ende als große Tragödie bezeichnet. Dieser „Internationale Stil" hat viele Städte ihrer Individualität beraubt. Erst seit den 80er Jahren kommt rücksichtsvolleres und einfühlsameres Bauen zögernd wieder auf.

Die Vertikale vernichtet Nachbarschaft

Vielerorts wird die gebaute Vergangenheit wiederentdeckt. Die alte Bausubstanz soll saniert, verunstaltete Fassaden sollen zurückgebaut werden. Überall stellt man Bauwerke, manchmal sogar ganze Straßenzüge unter Schutz. Spät schlägt das schlechte Gewissen der Denkmalschützer.

Wenn aber bei historischen Bauten kein einziger Balken und kein Quadratmeter Altputz, keine alte Tür und kaum etwas vom ursprünglichen Grundriß die „Sanierung" überlebt, so ist das nichts weiter als die Hinrichtung eines Denkmals. Was übrigbleibt ist eine Kopie. Schuldig sind jene Geschäftshaie, die bedeutende Bauwerke in „Wohnresidenzen" verschandeln und obendrein noch finanziell belohnt werden. Schuldig sind jene Politiker, die solche Geschäfte vermitteln und genehmigen. Schuldig sind die Denkmalschützer, die sich damit einverstanden erklären.

Privataktion: Der Anstrich eines stadteigenen Hauses (1981) trug zur Rettung von Häusern in der Brühler Altstadt bei. (Foto W. Hilse)

Eine Besichtigung wert: Baukunst, die geistreich mit Burg Gleuel korrespondiert. Links das Torhaus der alten Vorburg.

Neues Bauen orientiert sich wieder mehr an ortsspezifischer Architektur und regional üblichen Baustoffen. Punktuell ist im Erftkreis die Wiederkehr individueller und intelligenter Architektur, die mit der gebauten Vergangenheit korrespondiert, zu beobachten. Daß wir mit unserem gebauten Erbe nicht beliebig umspringen und nicht alles bauen dürfen, was rechnerisch wünschbar und technisch möglich ist, müssen wir aber endlich lernen.

*Eingangsbereich,
Hürth-Mitte. Dieser
Normierungsschund wurde
1969 genehmigt und leider
auch ausgeführt:
Mehr Fallbeil als Entree.*

Wesseling-Berzdorf, Hagengasse

MORDERNISIERUNGEN UND VERPACKUNGSKÜNSTE

NEUE OPTIK

▶ Neue Optik am Brühler Markt: Das Unten hat mit dem Oben nichts mehr zu tun – der Rest aus der ersten Hälfte des 18. Jahrhunderts hängt regelrecht in der Luft. Dem „Großreinemachen" im Erdgeschoß fiel auch gleich noch der stilgerechte Anstrich zum Opfer. Das Obergeschoß des wichtigen Baudenkmals ist jetzt einfach weiß grundiert. Und die schöne Mondsichelmadonna in der Wandnische hat jemand offenbar mit Schokolade angepinselt. Dieser, in unserer Region rar gewordene Bautyp aus kurkölnische Zeit, war das Wohnhaus des kurfürstlichen Hofbäckers auf Schloß Augustusburg, Johann Kleinholtz.

Ohne ihnen Gewalt anzutun, sind in historischen Wohnbauten die Nutzungsbedürfnisse für Handel und Banken offenbar nicht zu befriedigen. Ist der Abriß bei einem Denkmal nicht zu bewerkstelligen, wird rücksichtslos „mordenisiert".

In immer mehr attraktive Wohnhäuser werden „Ladenlokale" geschoben. Dafür schlachtet man das Erdgeschoß total aus und verglast es. Auf Stahlstelzen gestellt, hängen die amputierten Fassaden nun in der Luft. Die Nachdenklichen unter uns wissen: Die Stadt ist nicht das Eigentum einer einzigen Generation. Wir dürfen mit unserem Erbe nicht nach Belieben umspringen. Die Stadt hat eine lange Herkunft und – hoffentlich – eine lange Zukunft. Die Stadt soll noch vielen Generationen Heimat sein. Wir haben jeden Eingriff in das Stadtbild vor unseren Nachgeborenen zu verantworten!

Alte Ansicht (Foto Neff, 1934)

VERPACKUNGSKÜNSTLER

▶ Handwerker als Verpackungskünstler: „Verschwundene" Fachwerkhäuser wie dieses, gibt es leider wie Sand am Meer. Packt die alte Pracht doch endlich wieder aus!
(Brühl-Pingsdorf, Schiffergasse, erbaut um 1800)

WILDER WESTEN

Wilder Westen in Wesseling: ◀
Links ein Fachwerkhaus, eingesargt in Teerpappe und Kunststoff. Rechts, hinter der aufgestellten Pappe, verbirgt sich ein schmucker Ziergiebel aus dem 19. Jahrhundert.
(Kölnstraße 30)

GLATTGEBÜGELT

▶ Glattgebügelt: Zwei Jugendstilfassaden, mit „pflegeleichten" Keramikplättchen beklebt. Die schönen Sprossenfenster und der Fassadenschmuck landeten auf dem Müll.
(Frechen, Johann Schmitz-Platz 10/12, erbaut um 1902)

SCHIEBEWAND

Schiebewand von links nach rechts: ◀
Immer wieder werden Häuser reihenweise mit hauchdünnen „Sparklinkern" beklebt. Resultat sind öde Fassaden am laufenden Band. Metallgerahmte Ganzglasfenster und kitschige Haustüren geben den Häusern den Rest.
(Bedburg-Kirchherten, Gottesacker 4–6)

BILDERWELT

▶ Längst sind die Straßen nicht mehr zum Wandern da. Sie dienen auch nicht mehr dem Aufenthalt, sondern dem „fließenden und ruhenden Verkehr". Morgens schrumpft die Bilderwelt auf das Format der Windschutzscheibe und abends auf das des Fernsehschirms. Wer hat da noch einen Blick für die gebaute Welt?
(Frechen, Hubert Prott-Straße)

KARNEVAL

Karneval im Straßenverkehr. Die neue Welt aus Blech ◀
und bunter Pappe. Immer schneller und immer weniger
Zeit: In der langen Entwicklungsgeschichte der Städte war
die „autogerechte Stadt" der folgenschwerste Irrtum.
(Pulheim-Sinnersdorf)

EINES DER SCHÖNSTEN

▶ Fachwerkhäuser im Erftkreis:
Auf historische Bausubstanz Rücksicht nehmen – das war früher oberstes Gebot der Baukunst: Hier hat der Architekt keineswegs Rücksicht auf das historische Fachwerkhaus genommen. Die Wirkung der Sichtbeziehung ist vernichtend – für den Neubau natürlich.
Man beachte die ins Haus hineingeschobene Eingangssituation mit Bänken und Blumenkübeln vor einer konstruktivistischen „Mondrian"-Tür, sinnfällig von quadratischen Wandleuchten flankiert.
(Das „Weiße Haus" in Elsdorf-Niederembt, erbaut im 17. Jahrhundert)

UNVERMÖGEN

Geteilte Wohnwelt: ◀
Was Erbregelungen vermögen, und was sie aus dem gebauten Vermögen machen. So dürfen wir nicht mit unserem Erbe umspringen, das Stadtbild gehört uns allen!
(Brühl-Pingsdorf, Euskirchener Straße 122 und 120, erbaut im 18. Jahrhundert)

EINES DER LETZTEN

▶ Fachwerkhäuser im Brühler Zentrum:
Das Brühler „Hospitälchen" aus dem 18. Jahrhundert. Für einen „Wendehammer" 1973 abgerissen und dem Nachbarn an die Wand gepinselt. Betreten vergeblich – Schilda läßt schön grüßen! Die Kopie an der Wand ist jetzt eine Touristenattraktion.
(Hospitalstraße/Ecke Kirchstraße)

IN DER KLEMME

Umweltschutz, gemeint ist natürlich Naturschutz, ist ◀
heute in aller Munde. Unsere nächste Umwelt aber – die gebaute – ist weitgehend kommerzieller Bau- und Modernisierungswut schutzlos ausgeliefert.
Wer regt sich darüber noch auf?
(Frechen, Hauptstraße 57, erbaut in den 1890er Jahren)

UNTERNEHMEN POTEMKIN

▶ *Sicherung eines Fachwerkgiebels mit großem Aufwand: Damit soll der erlogene Anschein des Historischen gewahrt bleiben. Hinter dem „Schaugiebel" blieb von der großen Scheune der bedeutenden Palmersdorfer Hofanlage nichts mehr übrig. Auch das auf dem unteren Bild noch stehende Fachwerkskelett der Traufenwand war nach dem Umbau nicht mehr auffindbar. Statt dessen nagelten die Retter des Baudenkmals auf eine Hofwand dünne, schwarz angepinselte Bretter, dem echten Fachwerkgerüst täuschend unähnlich. Selbst die alten Bäume, die den Hof schützend bargen, wurden größtenteils gefällt.*

Läßt das Renditedenken wirklich nur noch MORDernisierung, nicht aber verantwortungsvolle und behutsame Sanierung (Heilung!) historischer Bauwerke zu? Die zuständigen Denkmalschützer fanden die Umwandlung des hochrangigen Denkmals in eine Großwohnanlage „optimal". Auch der Brühler Ausschuß „Planung und Stadtentwicklung" zeigte sich nach einer Ortsbesichtigung beeindruckt. Das war 1985, als die Stadt Brühl ihren 700. Geburtstag feierte.

Der Palmersdorfer Hof – in Nachbarschaft zur Schloßanlage Augustusburg – gehört zu den sehr seltenen Anlagen dieser Art, die über 1000 Jahre erhalten blieben. Das neue, 1750 errichtete Herrenhaus – mit jetzt leider nicht mehr schiefergedecktem Mansardgeschoß – wurde für die Nutzungsänderung „entkernt". Auch das schöne Treppenhaus fiel mit der Haustür auf den Müll.

Nur noch rein äußerlich erinnert die Geld- und Wohnanlage an den traditionreichen Palmersdorfer Hof. Überlebt hat die älteste Hofanlage Brühls die „Sanierung" mitnichten. Übrig blieb eine schlechte, im Innenhof kitschige Kopie.

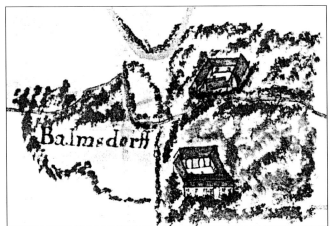

Die Palmersdorfer Höfe, oben der ehemalige Cäcilianerhof (aus einer Karte von 1771, Historisches Archiv der Stadt Köln, Akten St. Kunibert 13)

Haus Kretz, Lechenich

*Dienend wird der Baumeister schöpferisch;
drängt sein Subjekt sich ungehörig vor,
so gerät er ins Willkürliche
und versündigt sich
am Geiste der Baukunst.*

Karl Scheffler, 1935

10 BEISPIELE ZEITGENÖSSISCHER ARCHITEKTUR
IM ERFTKREIS

Pfarrzentrum Lechenich

WOHNPARK GLEUEL, in Hürth-Gleuel, Bachemerstraße. Planung: 1981–84, Fertigstellung: September 1985

ULRICH BÖTTGER, DIPL.-ING. ARCHITEKT BDA
IN B.O.S. ARCHITEKTEN
5000 KÖLN 1, PROBSTEIGASSE 34

MITARBEITER: JOCHEN DINGERDISSEN

Straßenseite vor dem Neubau

„ Die Wohnanlage liegt im Ortskern von Gleuel, 8 km von der Innenstadt Kölns entfernt.

Sie schließt an eine vorhandene Wohnbebauung entlang der Bachemer Straße an und bildet den Abschluß und die räumliche Begrenzung zum anschließenden Park der Wasserburg.

Die Häuser sind gruppiert um einen Innenhof, der nicht nur den Bewohnern selbst als Mittelpunkt dienen soll, sondern der auch Teil eines Fußweges von der Burg zur Kirche und dadurch Tag und Nacht für alle offen ist.

Zur Anlage gehören verschiedene historische Reste, die teils bekannt waren, teils während der Bauzeit entdeckt und integriert wurden.

So wurde zum Beispiel das „Alte Torhaus" der Wasserburg, das in Unkenntnis der historischen Bedeutung zum Abbruch freigegeben war, als solches identifiziert, freigelegt und restauriert, einschließlich des alten Gefängnisses im Keller, das jetzt Teil des Feinschmeckerrestaurants ist.

Besonderes Element und als solches auch in das architektonische Konzept eingearbeitet ist die historische Mauer zum Park, ursprünglich Rückwand der Burgscheunen, jetzt Begrenzung einer zweigeschossigen offenen Erschließungsgasse.

Andere insgesamt nicht erhaltenswerte Gebäude wurden abgebrochen, die dabei gewonnenen Feldbrandziegel jedoch alle im Neubau wiederverwendet.

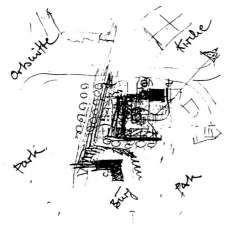

(Foto: Ulrich Böttger)

Die Erschließung der 35 vorwiegend für ältere Menschen geplanten Wohnungen geschieht vom Innenhof und entlang der Mauer aus in zwei offenen, glasüberdeckten Laubengängen. Jede Wohnung hat eine eigene „Haustür" am halböffentlichen „Bürgersteig".

Die beiden Gebäudeflügel sind in den Höhen jeweils 1/2-geschossig gegeneinander versetzt und an der Nahtstelle in der Ecke an einen Fahrstuhl angebunden.

Alle Wohnungen haben neben dem Hauptwohnraum und dem Bad eine abgeschlossene Küche, ein separates Schlafzimmer und einen Freisitz – als Gärtchen, als Loggia oder Balkon.

Das Parkgeschoß ist leicht abgesenkt, zum Park hin offen, als öffentlicher Parkplatz gestaltet. "

Pfarrzentrum in Erftstadt-Lechenich, 1979 fertiggestellt

KARL JOSEF ERNST
ARCHITEKT BDA
LANGER REHN 5
5352 ZÜLPICH

❝ Das katholische Pfarrzentrum St. Kilian liegt im Herzen der Stadt Lechenich, im südöstlichen Teil eines innerstädtischen Karrees, das nördlich und östlich von der Schloßstraße, im Süden von der Franz-Busbach-Straße und im Westen von den Frenzenstraße eingefaßt ist.

Die katholische Pfarrkirche St. Kilian liegt diesem Grundstück an der Südseite der Franz-Busbach-Straße direkt gegenüber, Nordfassade und Nordeingang der Kirche bilden hier einen städtebaulichen Schwerpunkt.

Das neue Pfarrzentrum ist mit seinen öffentlichkeitsbezogenen Funktionen durch eine platzartige Aufweitung des Straßenraumes der Franz-Busbach-Straße nach Norden stadträumlich definiert. Bibliothek und Küsterwohnhaus bilden als hervortretende, westlich bzw. östlich flankie rende giebelständige Kopfbauten mit Pfarrsaal-Foyer, Caritas-Stelle und Altentagesstätte einen maßstäblichen Außenraum. Dominierendes Element dieser Platzsituation ist die Nordfassade der Kirche.

Neben den vorgenannten Funktionen sind im Untergeschoß der öffentlichkeitsorientierten Gebäude Jugendräume (Werk-/Bastelraum, Fotolabor, Dunkelkammer), Tischtennisraum, Kegelbahn, Ausschank, Garderoben, Sanitärräume und Abstellräume untergebracht. Im Obergeschoß befindet sich eine Eheberatungsstelle. Im nördlichen, inneren Grundstücksbereich umschließen Pfarrsaal, Caritas und Erziehungsberatung einen introvertierten Hofbereich, an den sich nach Norden die zur Schloßstraße giebelständigen Bauten von Pfarramt, Pastorat und Kaplanei anschließen.

Architektonisches Charakteristikum der Gesamtanlage ist die Addition bzw. Variation eines einzigen, zweigeschossigen „Grundbaukörpers" von ca. 8,5 m x 11,5 m Grundfläche, mit Satteldach (Traufhöhe ca. 5,8 m, Firsthöhe ca. 10 m, Dachneigung 45°).

Planerische Zielvorstellung ist hierbei die Integration größerer Bauvolumina in eine kleinteilige, sensible städtebauliche Struktur durch Einfügung einer Addition entsprechend maßstäblicher Baukörper.

Die Gebäude sind aus einschaligem Ziegel-Sichtmauerwerk errichtet, Geschoßdecken aus Stahlbeton.

Die Dachflächen der Holzdachstühle sind mit Schiefer eingedeckt. Im wesentlichen gleichformatige Fensteröffnungen tragen zu einer homogenen, ruhigen Gesamtgestaltung des Pfarrzentrums bei. „

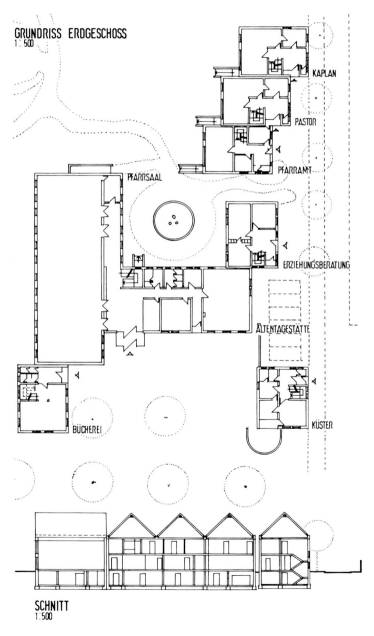

(Veränderter Maßstab)

Erftstadt-Lechenich, An dem Graben. Baujahr: 1976–77

GEORG KOEP
DIPL.-ING. ARCHITEKT BDA
AM HAHNACKER 6
5042 ERFTSTADT-LIBLAR

*Die Nordseite vor
der baulichen Veränderung
am 26. Juni 1975*

LAGE DES GRUNDSTÜCKS:
Südwestlicher, mittelalterlicher Bering, entlang der Promenade „An dem Graben"

GRUNDSTÜCK:
6 Meter breit und 54 Meter tief. Südliche Grenze: Ufer des Wassergrabens, Grünfläche mit Böschung und Stadtmauer. Bauland bis zur Nachbargrenze.

ERSCHLIESSUNG:
Private Wohnstraße an der Nordseite mit Wagenstellplätzen.

BEBAUUNG:
4 bzw. 6 Meter Abstand von der Stadtmauer.
Souterrain
2 Vollgeschosse
Dachgeschoß
6 Meter breit und 13 Meter tief.

GRUNDRISSE:
Souterrain: Eingangsbereich, Nebenräume; Garage.

Erdgeschoß: Wohn-Eßraum und Küche, Garderobe mit WC. 4 bzw. 6 Meter Terrasse mit Turm. Hinter 1 Meter hoher Stadtmauerbrüstung.

Obergeschoß: 3 Schlafräume, 2 Bäder, Balkon und Abstellraum.

Dachgeschoß: Penthausaufbau mit Atelier, Studio und Dachterrasse.

Die Geschosse sind miteinander durch eine Spindeltreppe verbunden.

GESAMTANLAGE UND GESTALTUNG:
Sieben Einfamilienstadthäuser wurden zu einer 43 Meter breiten Hausgruppe zusammengefügt. Die vordere Baulinie liegt vor- und rückspringend hinter der Terrasse. Jedes Haus ist mit einem Turmbau zum Nachbarn getrennt. Das Dachgeschoß ist mit Pultdächern bebaut. Die Stadtmauer ist Eigentum der Grundstücksbesitzer, ein Fußweg mit einem Mauerdurchgang führt zur Grünanlage, die gemeinschaftlich gepflegt wird, zum Ufer des Wassergrabens.

NACHBARSCHAFT:
Die etwa 4 Meter hohe, historische Stadtmauer aus Findlingen, Natursteinen und Feldbrand ist mit einem Wohnhaus bebaut. Vordem stand hier das geschichtenumwobene „Hexenhäuschen". An der Klosterstraße ist ein historisches Mauerstück des alten Wachthauses mit Beobachtungstürmchen in das Wohn- und Geschäftshaus integriert und gut erhalten.

SÜD-ANSICHT   ENTWURF

Seniorenzentrum Pulheim, fertiggestellt 1985

WALTER VON LOM
DIPL.-ING. ARCHITEKT BDA
RHEINGASSE 16
5000 KÖLN 1

„ Auf einem ehemals landwirtschaftlich genutzten Grundstück mit parkähnlichem Charakter entstand in unmittelbarer Nähe zum Rathaus und Marktplatz in Pulheim eine Senioren-Wohnanlage mit den dazugehörigen Gemeinschaftseinrichtungen.

Der Gesamtbaukomplex ordnet sich um einen Gartenhof und gliedert sich in zwei Baukörper.

Der kompakte viergeschossige Hauptbaukörper an der neu angelegten Steinstrasse umfaßt im Erdgeschoß den Gemeinschaftsbereich mit Speisesaal, Cafeteria, Küche, Verwaltung, Kapelle und Haupteingangshalle, die sowohl zur Steinstraße als auch zur Grünanlage hin erschlossen ist.

An beiden Seiten dieser Gemeinschafts- und Verwaltungszone schliessen sich die erdgeschossigen Altenwohnungen an.

In den Obergeschossen setzt sich die Hallenidee fort und ermöglicht hier die gewünschte Kommunikation und Unterbringung der gemeinschaftlich zu nutzenden Teeküchen und der Schwesternzimmer. Jeweils an den Kopfenden der Flure befinden sich nochmals kleine Aufenthaltsbereiche und ermöglichen zusätzliche Kontaktmöglichkeiten.

Dieser erste Bauabschnitt umfaßt insgesamt 31 Einzel- und 10 Doppelappartements und im zweiten Obergeschoß die Abteilung für besondere Betreuung, jeweils rechts und links der Halle liegend, mit acht und neun Doppelzimmern und den dazugehörigen Nebenräumen.

Im Kellergeschoß sind Kühl-, Tiefkühl- und Vorratsräume, die Gymnastikhalle und ein Friseur untergebracht.

An diesen Bauteil schließt sich im Nordwesten der eingeschossige und an der Johannisstraße der zweigeschossige Altenwohnheimteil an, mit insgesamt 20 Einzel- und zwei Doppelappartements.

Die lockere, in Einzelkörper aufgelöste Bauweise und die Gliederung der Fassaden mit den jeder Wohnung zugeordneten Balkonen und Loggien, vermitteln dem Betrachter den Eindruck einer Mehrfamilienwohnanlage und vermeidet daher weitgehend den sonst üblichen Heimcharakter.

Mit dem ortstypischen Ziegelmauerwerk, der Pfannendeckung und den Stahl/Glas-Konstruktionen wurden gut alternde, pflegeleichte Materialien gewählt. „

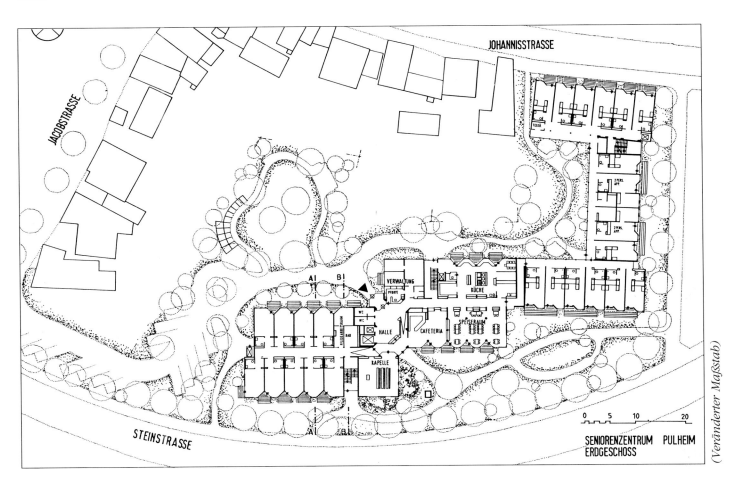

(Veränderter Maßstab)

SENIORENZENTRUM PULHEIM
ERDGESCHOSS

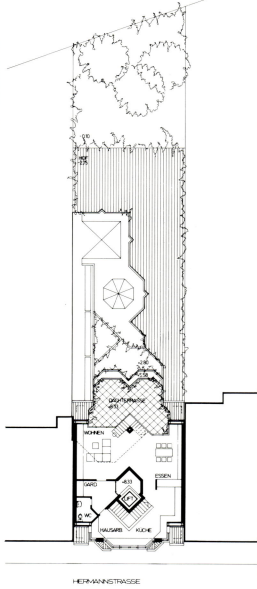

Brühl, Hermannstraße 29. Fertiggestellt am 1. Mai 1988.
(Foto: Helmut Stahl, Köln)

ARCHITEKT HANS OBEREMM
AM HAHNACKER 22
5042 ERFTSTADT

❝ Eigentlich ging es nur darum: Einen Neubau einem historisch gewachsenen Ortsbild anzupassen – Brühl, Hermannstraße 29.

Kein stil- und seelenloser Kasten aus Glas und Beton war erwünscht, auch keine architektonische Phantasterei mit nostalgischen Extras aus sogenannter postmoderner Verlegenheit. Vielmehr sollte ein Bauwerk entstehen, das die vorgegebenen Formen und Materialien der Nachbarhäuser aufnehmen und sich auf diese Weise phantasie- und geschmackvoll dem Image der Häuserfront anpassen würde.

Anpassen mußte sich der Entwurf, was Form und Funktionalität des Objekts betraf, natürlich auch den Erwartungen und Bedürfnissen des Bauherrn.

Das Grundstück liegt mitten in der Stadt und grenzt rückseitig an einen historischen Friedhof mit altem Baumbestand – eine öffentliche Grünzone, die ein wichtiger Bestandteil der umliegenden Bebauung ist. Um die Natur möglichst nahe an die Bebauung heranzuführen und den Charakter eines Garagenhofes zu vermeiden, wurde der Carport mit vier Stellplätzen am Ende des Grundstücks realisiert und sein Dach mit guter Wirkung begrünt – ein „natürlicher" Schwindel.

Die exponierte Lage des Hauses mit Blick auf die alten Baumbestände des Friedhofs legte es nahe, die Wohnung des Eigentümers im Dachgeschoß zu planen. Vor dem Wohnbereich wurde eine begrünte Dachterrasse angelegt. Die Wohnebene mit Küche, Hausarbeitsraum und Eßbereich ist durch Treppen mit dem Schlafgeschoß und Arbeitsbereich nach unten und durch eine Treppe zur Empore mit Bibliothek und Sauna mit „Ruhepunkt" zum Relaxen verbunden.

Die restlichen Flächen der Obergeschosse gehören den Kindern. Für jedes Kind wurde ein Appartement geschaffen, dazu Dachgärten zur Sonnenseite. Auf diese Weise ist eine Kommunikation innerhalb der ganzen Familie ermöglicht worden, ohne daß der einzelne seinen ihm zustehenden Freiraum verloren hätte.

Der Vorgängerbau

In der Eingangsebene und im Untergeschoß liegt das Notariat des Bauherrn. Die ruhige und beschauliche Lage mit Blick auf viel Grün schafft eine angenehme Arbeitsatmosphäre.

Die Anpassung von Arbeitswelt und Lebensraum ist gelungen. Das neue Haus steht mit den alten Gebäuden der Nachbarschaft in bestem Einklang. Die Anpassung in Backstein ist geglückt. ❞

Bio-Solar-Haus W. in Kerpen-Blatzheim, In der Mole, 1987 fertiggestellt

DIPL.-ING. R. STEWEN, BDA, B.A.U.
BREIBERGSTRASSE 2
5000 KÖLN 41

❝ Das Grundstück liegt zwischen zwei Straßen und hat eine Größe von 653 m². Das Gebäude steht im nordwestlichen Teil und hat eine Grundflächenzahl von 0,24, die einer überbauten Fläche von 158 m² entspricht.

Der Gebäudekörper nutzt die natürliche Hangsituation, um im Nordwesten für das Untergeschoß eine Tagesbelichtung zu ermöglichen.

Ebenso wurde versucht, den Eingriff in die Natur durch das Bauvorhaben so gering wie möglich zu halten. Zwar setzt das Haus durch sein turmähnliche, achteckige organische Form einen markanten städtebaulichen Akzent, fügt sich jedoch durch das kuppelförmige Grasdach und den späteren Fassadenbewuchs an der Außengalerie gut in die Landschaft ein.

Die Form des Hauses nähert sich der Idealform einer Halbkugel. Die Kugel ist der geometrische Körper mit dem geringsten Oberflächen-Volumenverhältnis – auf das Haus übertragen heißt das, daß das Verhältnis von Außenhülle zu bewohnbarer Fläche als optimal zu bezeichnen ist und somit die Wärmeverluste gering sind. Dieses Wissen machten sich schon die Eskimos beim Bau der Iglus zunutze.

Die Südfassade ist voll verglast, im Südwesten und Südosten sind je ein zweigeschossiger Wintergarten angeordnet, die mit einem zweigeschossigen Verbindungsgang verkoppelt sind. Dieser Verbindungsgang ist teilweise verglast, teilweise nimmt er einen Luftkollektor auf. Die hinter der Verglasung liegende Wand ist als Speicherwand nach dem Thrombé-Wand-System ausgebildet. Die offene Grundrißorganisation vor den Win

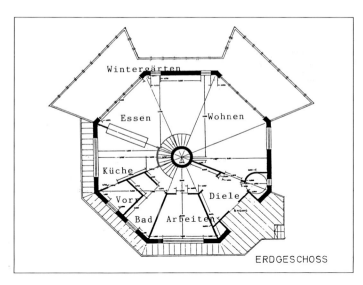

tergärten im Südbereich ermöglicht eine tief ins Gebäude fallende Sonneneinstrahlung.

Dieses Solarkonzept wird durch die zusätzliche Wärmedämmung im Norden und der dortigen Dreifachverglasung mit Wärmedämmläden für den Nachtfall unterstützt.

Als Entwurfsgrundlage ist auch hier die Zonierung in zwei Bereiche anzusprechen. Im Nordbereich sind die Räume mit geringem Wärmebedarf angeordnet, wie Schlafzimmer, Bäder, Abstell- und Gästeraum, im Südbereich entsprechend die ständigen Aufenthaltsräume mit großem Wärmebedarf: Wohnen, Essen und Spielen.

Das Konstruktionsprinzip des Gebäudes ist eine Mischbauweise aus porosierten Leichtmauerziegeln mit Holzbalkendecken. Der Deckenaufbau besteht von unten nach oben aus: Balken, Sichtschalung, Blähtongemisch, Korkdämmung, Hypokaustenbodenheizung, Estrich und Steingutfliesen. Der Aufbau auf der Dachschalung besteht aus Vlies, wurzelfester Dachhaut, Wärmedämmung, Vlies und der Substrat- und Vegetationsschicht.

Ein gemauerter Innenkern dient als Energietrasse, Wärmeverteilung und statisches Auflager. Dieser Kern mit der anliegenden Wendeltreppe wird mit einer Verglasung von oben belichtet.

In diesem Kern läuft die Technik für ein sogenannte Zweikomponentenheizsystem, das aus einer schnell regelbaren Luftkomponente duch Einblasen von erwärmter Frischluft über Bodendurchlässe und einer Hypokaustenkomponente besteht. Diese Komponente wird durch einen Hohlraumboden gebildet, in dem die erwärmte Außenluft zirkuliert und als reine Strahlungswärme über die Oberfläche abgegeben wird. Durch diese Anordnung ist der gewünschte Luftwechsel zu bestimmen. Der Luftkollektor und ein Wärmetauscher im Wintergarten speisen den Energiegewinn direkt in das System.

Eine Sekundärstruktur um das Gebäude enthält Erschliessungsflächen, Rankhilfen, Blumenkästen und Balkone. Sie schützen die Fassade vor Witterungseinflüssen, sorgen für einen schrittweisen Temperaturübergang von innen nach außen und bilden zusammen mit der Bepflanzung ein Mikroklima um das Gebäude, das sich energetisch positiv auswirkt. Im Wohnbereich ist diese Sekundärstruktur durchbrochen. Hier kann die Sonne in den Kernbereich direkt einstrahlen.

Zusätzlich zum energetischen Gewinn regelt diese Übergangszone ganz allgemein die Beziehung des Bauwerks zu seiner Umgebung. Neben Wärme- und Kälteschutz hat die Außenhaut vielfältige Funktionen, die den Übergang von drinnen nach draußen betreffen: Licht, Gerüche, Ein- und Ausblicke, Geräusche usw. Die Veränderbarkeit des Übergangs zwischen dem schützenden Innenraum und der Außenwelt mit architektonischen Mitteln prägt das Gebäude in seinem regionalen Bezug und seiner jahreszeitlichen Nutzung. „

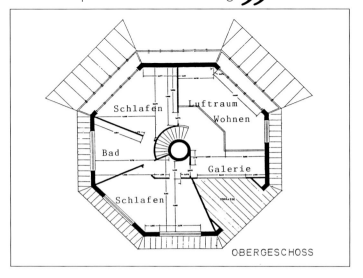

Hürth, Severinusstraße 18

JOCHEN SCHARF
DIPL.-ING. ARCHITEKT BDA

GOTTHARD KIRSTEN
ING. GRAD. ARCHITEKT

PETERSBERGSTRASSE 80
5000 KÖLN 41

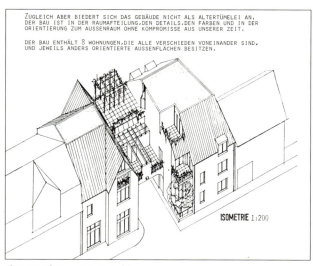

(Veränderter Maßstab)

Eine Straßenüberbauung in ehemals historischer Umgebung

Das Wohnhaus Severinusstraße 18, das die Einmündung der Fritz-Räcke-Straße überbrückt, hat eine kuriose Vorgeschichte.

Die Stadt Hürth hatte unser Büro beauftragt, das Stadtbild der Severinusstraße als letzter fast noch erhaltener Dorfstraße von Hermülheim zu analysieren. Dahinter stand die Absicht, die noch vorhandenen Bauten, den Straßenraum und die spezifischen Eigenheiten der tradierten Bebauung durch eine Erhaltungssatzung zu retten. Um eine knappe, dafür aber umso verbindlichere Aussage machen zu können, reduzierten wir das Analysematerial auf die Themen

- Verhältnis von Baukörpern und Zwischenräumen
- Proportionen der Baukörper und
- Material der Fassaden und Dächer.

Der 25 m breite Straßendurchbruch an der Stelle eines ehemaligen Bauernhofes sollte als Gelände für einen Testentwurf nach den Maßgaben der beabsichtigten Gestaltungssatzung dienen.

Die Stadt verkaufte das Grundstück an einen Privatmann, der ohne Kenntnis davon, daß der Testentwurf von uns stammte, uns, weil wir schon lange mit ihm zusammenarbeiteten, aufforderte, in dieser Lücke ein Haus zu bauen. Es ergab sich also die einmalige Gelegenheit, einen theoretischen Versuch, tradierte Bauformen zu erhalten, in der praktischen Nutzanwendung zu testen. Der Vergleich zwischen dem Testentwurf und dem ausgeführten Gebäude zeigt, daß nur wenige Veränderungen notwendig waren, was wir als einen Beweis dafür ansehen, daß die Gestaltungssatzung anwendbar gewesen wäre, wenn sie der Rat der Stadt Hürth beschlossen hätte. Das ist nie geschehen.

So einfach und selbstverständlich das Gebäude sich in die Reihe der vorhandenen Bauten eingliedert, so kompliziert und geradezu fuchsbauähnlich ist der Grundriß.

Das linke Gebäude an der Severinusstraße enthält zunächst im Erdgeschoß zwei Maisonette-Wohnungen,

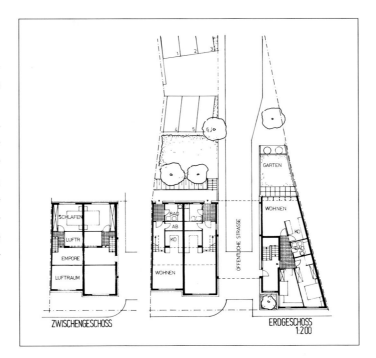

(Veränderter Maßstab)

die von der Rückseite aus direkt zugänglich sind. Sie liegen hinter den beiden 1 1/2-geschoßhohen Erdgeschoßfenstern. Darüber liegen zwei Wohnungen, die über zwei bzw. drei Ebenen führen, und so gegeneinander verdreht sind, daß sie zwar beide über die Straßenüberbrückung von rechts erschlossen werden, jedoch über die volle Tiefe des Gebäudes in jeweils einem Geschoß Nordorientierung haben, damit der Blick nach Köln möglich ist, und Südorientierung haben, um Sonne einzufangen.

Über der Straßenüberbrückung liegen Balkone und ein Wintergarten, der zu unserer Überraschung aber als Schlafraum genutzt werden kann, weil nachts der Straßenverkehr durch die Unterführung doch sehr gering ist. Im rechten Teil des Gebäudes liegen das Treppenhaus für alle Wohnungen und vier vollständig verschiedene Wohnungen. Jede Wohnung hat eine andere Orientierung zum Außenraum: Die Erdgeschoßwohnung ist über ein breites Wintergartenfenster in einen kleinen Garten hin orientiert, die Wohnung im ersten Obergeschoß hat eine Terrasse über der Durchfahrt nach Süden, die im zweiten Obergeschoß hat einen Balkon, der nach Südwesten in den Straßenraum hineinblickt und schließlich hat die Dachgeschoßwohnung eine Terrasse, die nach Westen zeigt.

Keiner dieser Außenräume ist von einer anderen Wohnung aus einsehbar.

Parkplätze konnten auf der Restfläche des Grundstückes linker Hand angelegt werden. Vor und hinter dem Hause blieb noch genügend Fläche, um das Haus intensiv zu begrünen. Auf der Straßenseite wurde direkt am Haus Efeu, wilder Wein und Knöterich angepflanzt. In einem Lichtschacht, der den Keller beleuchtet, wurde ein kleinkroniger Baum, eine Hainbuche, angepflanzt, die bisher prächtig gedeiht. Auf der Rückseite, die nach Norden zeigt, ist die gesamte Längswand zum Nachbarn mittlerweile zugewachsen und über die verschiedenen Pflanzbecken rankt sich Knöterich bis zur Terrasse im zweiten Obergeschoß hoch.

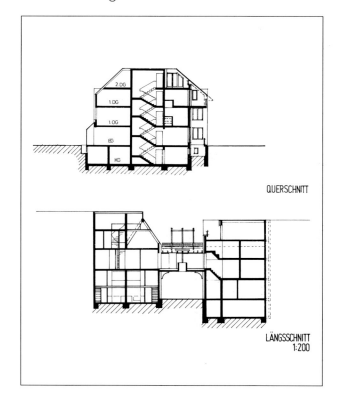

(Veränderter Maßstab)

Die Durchfahrt, nicht selten ein übelriechender Ort, der nicht zum Aufenthalt einlädt, ist durch ein Oberlicht von den Terrassen aus zusätzlich mit natürlichem Licht beleuchtet worden, und es blicken zwei Fenster, eines aus dem Treppenhaus und eines aus einer Wohnung, direkt in die Durchfahrt. Es scheint, als hätten diese Maßnahmen tatsächlich dazu geführt, daß die Durchfahrt bis heute ein angenehmer Durchgang von der Severinusstraße in den Innenhofbereich des Blockes ist. Das ganze Gebäude ist mit einem Hochlochvormauerziegel im 2DF-Format ummantelt.

War das Gebäude einmal gedacht als Versuch, einen Neubau ohne wohlfeile Anpassung nur über vorgefundene Verhältnisse in der Beziehung von Baukörper und Außenraum, Proportionen der Gebäude und Materialien in eine historisch gewachsene Straße einzufügen, so muß man heute sagen, daß dieses neue Gebäude das einzige ist, das die historischen Verhältnisse genau wiederspiegelt, weil mittlerweile fast alle anderen Gebäude mit Plastikziegeln mit Handstrichprägung oder anderen Abscheulichkeiten verkleidet worden sind, Fenster ohne Rücksicht auf proportionale Verhältnisse zur Fassade vergrößert und verbreitert worden sind, oder ehemals landwirtschaftlich genutzte Gebäude gleich ganz abgerissen worden sind.

Von Vorbildwirkung kann leider keine Rede sein.

Baudaten: Baujahr 1983/84

Insgesamt 8 Wohneinheiten mit zusammen 619 qm, gegliedert in:

2 Zweizimmer-Maisonetten mit Galerie je 62 qm

2 Maisonette-Wohnungen über 2 bzw. 3 Geschosse mit Dachgärten, 100 und 120 qm

1 Dreizimmer-Wohnung mit Gärtchen im EG, 70 qm

1 Dreizimmer-Wohnung mit Dachgarten, 75 qm

1 Dreizimmer-Wohnung mit Balkon, 75 qm

1 Zweizimmer-Wohnung im Dach, 55 qm

Altenzentrum St. Augustinus in Frechen-Königsdorf

BDA-Preis 1985
Preis des Landes NRW
Vorbildliche Bauten 1984
Kölner Architekturpreis 1985

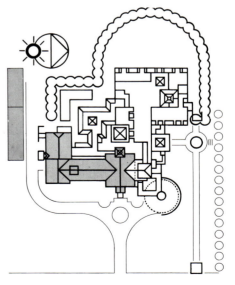

ARCHITEKT BDA / DWB
PROF. DIPL.-ING. HERBERT P. TABELING
AMSTERDAMER STR. 93–95
5000 KÖLN 60

„ Die Aufgabe lautete, ein Kloster- und Internatsgebäude, das 1896 entstanden war und nun über 90 Jahre alt ist, in die Gesamtplanung einzubauen. Das gute Erscheinungsbild, der solide Zustand seiner Konstruktion und der auch heute noch gültige Zuschnitt machen eine Wiederverwendung ratsam. Freilich muß der restlos verwohnte und heutigen Ansprüchen nicht mehr genügende innere Ausbau entfernt werden, so daß nur der Rohbau – nach eindringlicher Sicherung – übernommen werden kann. Das gleiche Material – hellroter Ziegel – und die plastische Gestaltung sollen Alt- und Neubau zu einer harmonischen Einheit verschmelzen.

Der rote Ziegelstein soll auch den ersten Eindruck im Inneren bestimmen. Die Eingangshalle und der Wandelgang mit Sitzgelegenheiten bis zur Empore sind in diesem Mauerwerk ausgeführt worden. Die Oberlichtführung erhöht hier wie auch im Speisesaal den Bezug nach draußen.

Sämtliche inneren Verkehrswege, wie Flure, Hallen, Treppenhaus und Vorräume sind in hellen lichten Farben behandelt worden. Das gleiche gilt für die Wohnräume, wobei die vorgelagerten Loggien wieder roten Ziegel zeigen, der über die Brüstungen begrünt ist. Den gleichen Charakter haben die Balkone an den Fluren und die Dachterrasse über dem Speisesaal.

Die Altenheimplätze zur besonderen Betreuung haben neben den Funktionsräumen Schlafräume für zwei Personen mit vorgebauten Aufenthaltserkern für je zwei Zimmer = 4 Personen.

Im Zentrum des Neubauteiles gegenüber der Aufzugsgruppe ist das Schwesterndienstzimmer. Hier ist auch die Teeküche, der Aufenthaltsraum, der Personalaufenthaltsraum, Besucher- und Personal-WC, der Putzraum und das Bad mit freistehender Wanne.

Altbau und Neubau sind neben der inneren Verbindung auch außen „raumbildend" verknüpft worden. Unter Ausnutzung der sonnigen Himmelsrichtungen für die Wohneinheiten ist an der Nordostseite der Eingangshof entstanden. Die Südwestseite bietet einen zur Sonne geöffneten terrassierten internen Aufenthaltsbereich. "

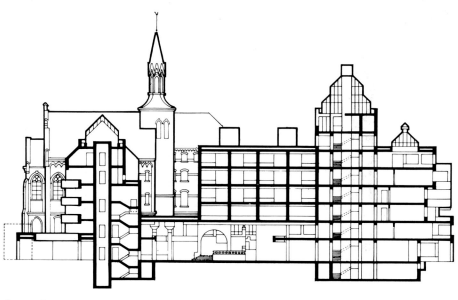

Ostwestschnitt

Einblick in die begrünte Zentrale Halle, die die Verbindung zwischen An- und Neubau herstellt. Von hieraus sind Cafeteria, Speisesaal und Clubräume direkt zu erreichen.
Eine Rampe (Rollstuhlfahrer) verbindet die Halle mit dem Obergeschoß.

Erweiterungsbau Haus Bitz · Fertigstellung: 1990
(Foto: Hans Theo Gerhards)

ARCHITEKTUR:
WIEGMANN & TRÜBENBACH
UND PROF. O. M. UNGERS
5000 KÖLN

❝ Die ehemals großzügige bauliche Anlage Haus Bitz, ein Rittergut, dessen Ursprünge bis ins 13. Jahrhundert reichen, bestand aus einem Herrenhaus mit angegliederten Wirtschaftsgebäuden, die in ihrer Anordnung einen nahezu quadratischen Innenhof bildeten. Nach außen wurden sie von zwei Wassergräben umschlossen.

Diese Anlage verfiel im Laufe der Zeit und erhielt bis Mitte der achtziger Jahre dieses Jahrhunderts nicht die Aufmerksamkeit, die ihrer Bedeutung entsprach. Dies änderte sich mit dem Übergang in privates Eigentum. Jetzt begann die Phase der sorgfältigen Wiederherstel lung des Herren- und Halfenhauses sowie eines Wassergrabens und Teilen der Gartenanlagen.

Beide Gebäude erfüllten zunächst den Raumbedarf einer Galerie und den Wohnbedarf des Eigentümers. Die Notwendigkeit und der Wunsch nach mehr Raum, führten zu Überlegungen hinsichtlich einer baulichen Erweiterung.

Alle Planungsgedanken mündeten in die Entscheidung die historische Gebäudeanordnung als Vorbild für die Erweiterung zu sehen. Eine gedachte Achse, von dem vorhandenen Wachtürmchen zur gegenüberliegenden Brücke in den Garten, führte zu dem Entschluß, im Gegensatz zur historisch geschlossenen Umbauung des Hofes, eine Trennung in zwei sich an diesem Weg gegenüberliegende Baukörper vorzunehmen. Ein Galerieneubau ergänzte zunächst den vorhandenen Gebäudewinkel. Diesem Baukörper wurde ein Wohnhausneubau gegenübergestellt, der das angestrebte Gesamtbild vervollständigt. Durch die konsequente Einhaltung der Rechtwinkligkeit bei der Planung der Neubauten liegen nur zwei Außenfassaden direkt auf den vorhandenen Grabenwänden. Alle anderen Fassaden bilden mit den Grabenwänden perspektivisch sich verjüngende Zwischenräume, die jeweils über eine Treppe direkt zum Wasser auslaufen. Zusätzlich erhalten diese Räume ihre jeweils eigenständige Ausprägung durch eine unterschiedliche Ausbildung der Grabenwand; entweder als brüstungshohe Mauer oder als geschoßhohe Wand bzw. als eine in Mauerwerkspfeiler aufgelöste Wand, die eine begrünte Pergola trägt.

Ehemaliges Rittergut Bitz,
Straßenfront des Herrenhauses.
Barocker Zustand im wesentlichen erhalten,
links der Erweiterungsbau.
(Foto: Hans Theo Gerhards)

Ein weiteres gestalterisches Mittel, um die Zusammengehörigkeit der Gesamtanlage zu erreichen, war die Verwendung des Ziegels, der bereits bei der Renovierung des Herren- und Halfenhauses verarbeitet wurde. Trotz dieser Einheitlichkeit des Materials sind die vollständig geometrisierten Neubauten unterschiedlich gestaltet. Die Galerieerweiterung ist ein Baukörper mit völlig geschlossenen Wänden, dessen Belichtung über eine verglasung im Traufenbereich, die den Konturen des Gebäudes folgt, erzielt wird. Im Inneren des Gebäudes befindet sich ein einziger bis unter den First reichender Raum.

Das gegenüberliegende Wohnhaus, in wesentlichen Bereichen auch für Ausstellungen bestimmt, ist ein Baukörper, dessen Wände in Mauerwerkspfeiler arkadenartig aufgelöst sind. Die Zwischenräume werden systematisch durch Wandscheiben oder doppelflügelige verglaste Sprossentüren geschlossen. Die Regelmäßigkeit der Fassade wird lediglich in zwei Bereichen aufgegeben. Im Bereich des Haupteingangs, um so dessen Sonderstellung hervorzuheben, sowie in der Fassade eines Seitenflügels, um dessen zweigeschossige Nutzung zu zeigen.

Der Grundriß des Wohngebäudes ergibt sich aus einer Aneinanderreihung gleich großer quadratischer Räume, die in der Mitte jeder Wand eine Türöffnung erhielten. Je nach Lage des Raumes ist somit diese Öffnung entweder Innentür oder Außentür. So entsteht eine Folge sich gegenseitig erschließender Räume mit jeweils einer Tür zum Innenhof oder zum Wassergraben. Im Gegensatz zu diesen doppelflügeligen verglasten Sprossentüren werden wenige innenliegende kleine Funktionsräume durch einflügelige Holztüren betreten, um auch in der Gestaltung der Türen die unterschiedliche Wertigkeit der Räume zu verdeutlichen.

Die Innenwände des Hauses sind geputzt und mit einem weißen Anstrich versehen. Die Zahl der Fußbodenmaterialien ist auf zwei begrenzt. Dabei wurde jedes Geschoß völlig einheitlich behandelt. Im Erdgeschoß wurde in allen Räumen, auch in den Feuchträumen, ein grauer italienischer Naturstein verlegt. Alle Räume des Obergeschosses erhielten einen hellen Parkettboden. Diese Materialentscheidung für die Neubauten nimmt die Materialwahl im Herrenhaus auf und vervollständigt so das Bild der Einheitlichkeit zwischen vorhandenen und neu erstellten Gebäuden. **„**

Ulrich Wiegmann

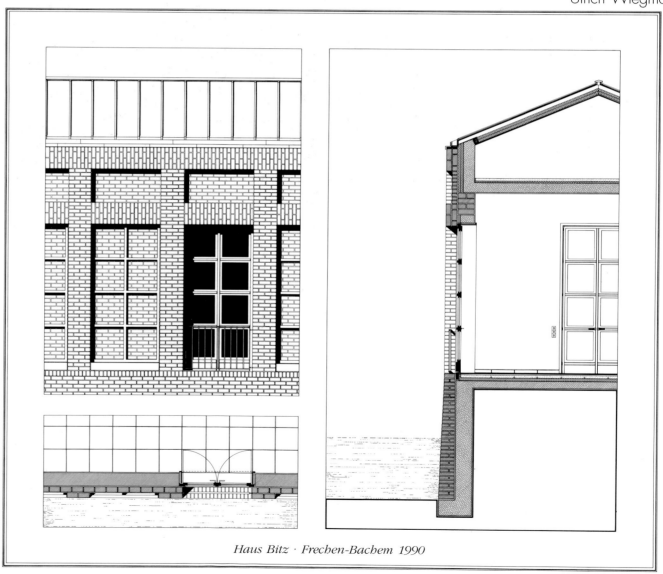

Haus Bitz · Frechen-Bachem 1990

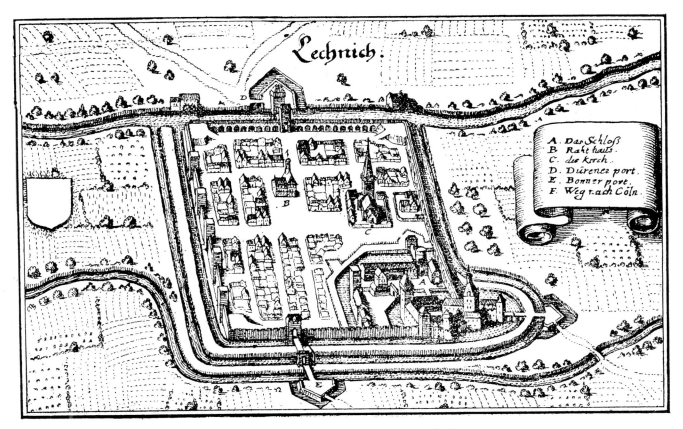
Plan der Stadt Lechenich, Merian 1646

Stadthäuser in Erftstadt-Lechenich, Bonner Straße 9, Baujahr 1983/84

JOHANNES ZEPP
ARCHITEKT
ENGELBERT ZEPP
ARCHITEKT
FRENZENSTRASSE 43
5042 ERFTSTADT-LECHENICH

Der Vorgängerbau

❝ Ein vorhandenes, im vorigen Jahrhundert errichtetes Gebäude aus Feldbrandsteinen sollte abgerissen werden und durch ein neues ersetzt werden. Mehrere Umbaumaßnahmen im Altgebäude sowie fehlende Geschoßhöhe im Erdgeschoß gaben hier für die Bauherrschaft letztlich den Ausschlag, sich von der alten Substanz zu trennen.

Die einzigen Vorgaben für das neue Gebäude waren die Wiederherstellung des alten Torbogens nach historischem Vorbild sowie die Verarbeitung von Feldbrandsteinen für die Fassade. In unmittelbarer Nachbarschaft charakterisieren größtenteils Gebäude mit deutlich weniger Straßenfrontabwicklung das Erscheinungsbild der Hauptstraße.

Aus diesem Grund entschlossen wir uns, dem jetzt erheblich höher entstehenden Baukörper ein Erscheinungsbild von zwei unabhängig stehenden Häusern zu geben.

Die Wiederverwendung unmittelbar aus dem Umfeld vorgefundener Proportionen sowie deren unterschiedliche Darstellung in den beiden Gebäudefassaden erhielten als steigerndes Moment im oberen Abschluß des Gebäudes zwei Giebelaufbauten, die dem Gesamtbild Leichtigkeit vermitteln sollen. Beeinflußt wurden wir hier natürlich durch die historischen Gebäudefassaden im Umfeld.

Ein um die Jahrhundertwende entstandenes, in unmittelbarer Nachbarschaft stehendes Gebäude wurde aus unerklärlichen Gründen während der Bauzeit abgerissen und durch einen recht nüchtern wirkenden Baukörper ersetzt, wodurch der Gleichklang der Fassadenwirkung u. E. empfindlich gestört wird.

Die Grundrisse der einzelnen Geschosse entstanden im wesentlichen, bis auf das Dachgeschoß, aus dem Funktionsbedarf einer gewerblichen Nutzung. Im rückwärtigen Teil des Gebäudes, in den oberen Geschossen, sind vorwiegend Aufenthalts- und Wohnräume angeordnet, da von dort der Blick auf das alte Schloß und den dazugehörigen Schloßpark frei sichtbar ist. ❞

*Erftstadt-Lechenich
im August 1991
Foto:
Kreisarchiv Erftkreis*

Literatur

Jakob Baumann u. Bernd Wiese, Der Erftkreis – Natur Mensch Wirtschaft. Köln 1986

Bonner Jahrbücher

Paul Clemen (Hg.), Die Kunstdenkmäler des Landkreises Köln, Düsseldorf 1897

Paul Clemen (Hg.), Die Kunstdenkmäler des Kreises Bergheim. Düsseldorf 1899

Paul Clemen (Hg), Die Kunstdenkmäler des Kreises Euskirchen. Düsseldorf 1900

Paul Clemen (Hg.), Die Kunstdenkmäler der Stadt und des Kreises Bonn. Düsseldorf 1905

Paul-Georg Custodis, Villen in Brühl. In: Rheinische Heimatpflege 3/1972, S. 169–189

Denkmalpflege im Rheinland, Vierteljahresschriften. Hrsg. Landschaftsverband Rheinland, Rheinisches Amt für Denkmalpflege.

Der Erftkreis. Herausgeber in Zusammenarbeit mit der Kreisverwaltung, Oldenburg, 1985

Die Denkmäler des Rheinlandes Kreis Bergheim 1–3, 1970–71

Josef Dietz, Wesseling. Ein Heimatbuch. Wesseling 1962

Erftkreis (Hg.), Der Erftkreis. Oldenburg 1985

Erhalten und gestalten, Jahrbuch 1981 des Rheinischen Vereins für Denkmalpflege und Landschaftsschutz.

Heinz Firmenich, Brühl. In: Rheinische Kunststätten 1970

Heinz Firmenich, Hürth. In: Rheinische Kunststätten 1967

Heinz Firmenich, Helmut Rosen, Schloß Türnich. In: Rheinische Kunststätten 1975

Heinz Firmenich, Stadt Bedburg an der Erft. In: Rheinische Kunststätten 1978

Karl Göbels, Frechen damals. Von der Römerzeit bis zur Stadtwerdung. Köln 1977

Wilfried Hansmann, Gisbert Knopp, Die Bau- und Kunstdenkmäler des Erftkreises. Die Stadt Brühl. In: Die Bau- und Kunstdenkmäler von Nordrhein-Westfalen. I, Rheinland 7.3, Berlin 1977

Joachim Hähnel, Rheinisches Freilichtmuseum Kommern, Museumsführer. Köln 1985

Susanne Harke-Schmidt, Kerpen. Neue Stadt in alten Bildern. Hrsg. Stadt Kerpen, 1985

Egon Heeg, Frechener Straßen, Spiegel der Frechener Geschichte, Bd. 1, Köln 1984

Martin Heidegger, Bauen, Wohnen, Denken. In: Vorträge und Aufsätze, Pfullingen 1954

Horrem, Beiträge zur Geschichte und Entwicklung, Horrem, 1964

Joseph Hürten, Brühl um 1900, Bürger und ihre Häuser, In: Schriftenreihe Brühler Geschichte, Bd. 1, Brühl 1974

Jahrbuch der Rheinischen Denkmalpflege

Kerpen (Hg.), Kerpen in Geschichte und Gegenwart. Kerpen 1971

H. G. Kirchhoff, H. Braschoß, F. Schosser, Heimatchronik des Kreises Bergheim, Köln 1974

Hans Kisky, Schlösser und Herrensitze im Rheinland. 1960

Clemens Klug, Hürth, Kunstschätze und Denkmäler. Hürth 1978

Frank Kretzschmar, Kirchen, Klöster und Kapellen im Erftkreis. Köln 1984

Frank Kretzschmar, Kulturregion Erftkreis – Verluste einer Denkmal-Landschaft. Köln 1991

Horst Krieger u. Peter Schreiner, Pulheim. Die junge Stadt stellt sich vor. (Hg.), Stadt Pulheim, Köln 1982

Günter Krüger, Glanz und Elend der Haustür. Katalog zur Ausstellung, Brühl 1982

Cord Meckseper, Kleine Kunstgeschichte der deutschen Stadt im Mittelalter. Darmstadt 1982

Udo Kultermann, Die Architektur im 20. Jahrhundert. Köln 1977

Henriette Meynen, Wasserburgen, Schlösser und Landsitze im Erftkreis. Köln 1985 (3. Aufl.)

Pulheimer Beiträge zur Geschichte und Heimatkunde. Veröffentlichungsreihe des Vereins für Geschichte und Heimatkunde Pulheim

Gert Ressel u. Bernd Päffgen, Kerpen an der Erft, In: Rheinische Kunststätten 1983

Karl Scheffler, Deutsche Baumeister. Leipzig 1935

Karl Stommel, Lechenich. In: Rheinische Kunststätten 1960

Karl Stommel. Erftstadt. Die heutigen Stadtteile im Wandel der Zeiten. Lechenich 1977

Ludwig Theißen, Bedburg-Kaster. In: Rheinische Kunststätten, Köln 1982

Inhalt

Zum Geleit	6
Vorwort	7
Einführung	8
Zur Siedlungsstruktur des Erftkreises	18
Lebensraum im Wandel	24
Wohnen und Bauen	25
Holz, Lehm und Stroh	26
Rettungsdienst	30
Ladeneinbruch	33
Preußen am Rhein	37
Fortschritt und Historismus	38
Potpourri	41
Experiment Demokratie	46
Wiederaufbau?	50
Gebaute Sackgassen	53
Städte im Straßenverkehr	55
Mordernisierungen und Verpackungskünste	59
10 Beispiele zeitgenössischer Architektur im Erftkreis	65
Literatur	92

Erftkreis

Verzeichnis der Veröffentlichungen

Beiträge zur Geschichte des Erftkreises

Frank Kretzschmar
Kirchen, Klöster und Kapellen im Erftkreis
1992. 3. überarb. Aufl.
204 S., 340 (100 farb.) Abb.
ISBN 3-7927-0821-3

Henriette Meynen
Wasserburgen, Schlösser und Landsitze im Erftkreis
1992. 4. überarb. Aufl.
zahlr. Abb. (farb.)
ISBN 3-7927-1294-6

Morken Harff
Dokumentation eines Umsiedlungsortes von Hubert Klemmer, Hermann-Josef Mahlberg, Josef Gülpers, Otto Müller, Hubert Lesaar, Heinz Schlotterbeck, Willy Harren, Willi Kaiser
Bearb.: Herbert Sinz
1982. 176 S., 41 Abb., 4 Ktn.
ISBN 3-7927-0708-X

Herbert Sinz
Handwerk im Erftkreis
Geschichte, Organisation und Leistung
1983. 272 S., zahlr. Abb.
ISBN 3-7927-0787-X

Klöster und Stifte im Erftkreis
Mit Beitr. v. Marlies Fey u. a.
Red.: Helmut Weingarten
1988. 309 S., zahlr. Abb.
ISBN 3-7927-1044-7

Frank Kretzschmar
Kulturregion Erftkreis
Verluste einer Denkmallandschaft
1991. 192 S., zahlr. Abb.
ISBN 3-7927-1228-8

Erftkreis / Morbihan – Partnerschaft für Europa
Vorstellung der beiden Partnerregionen
deutsch-französisch
1992. 180 S., zahlr. Abb. (farbig)
ISBN 3-7927-1304-7